El contrato social

Jean-Jacques Rousseau
1712–1778

Jean-Jacques Rousseau

El contrato social

TRADUCCIÓN DE MARÍA JOSÉ VILLAVERDE

GREAT IDEAS

taurus

Papel certificado por el Forest Stewardship Council®

Título original: *Du Contrat social*

Tercera edición: septiembre de 2016
Undécima reimpresión: noviembre de 2023

© 2012, Penguin Random House Grupo Editorial, S. A. U.
Travessera de Gràcia, 47-49. 08021 Barcelona
© De la edición original: Ediciones Istmo, S. A., 2004

Esta obra pertenece a la serie Great Ideas, publicada originalmente en inglés
en Gran Bretaña por Penguin Books Ltd.

© 2012, David Pearson, por el diseño de cubierta

Printed in Spain – Impreso en España

ISBN: 978-84-306-0113-4
Depósito legal: B-19.017-2015

Impreso en Liberdúplex
Sant Llorenç d'Hortons (Barcelona)

TA 0 1 1 3 C

Índice

Libro I

Quiero investigar si en el orden civil puede existir alguna norma de administración legítima y segura, considerando a los hombres tal como son y a las leyes tal como pueden ser. Trataré de unir siempre en esta investigación lo que permite el derecho con lo que establece el interés, de forma que no haya oposición entre justicia y utilidad.

Entro en materia sin demostrar la importancia del tema. Me preguntarán si soy un príncipe o un legislador para escribir sobre política. Respondo que no y que por eso mismo escribo sobre política. Si fuese un príncipe o un legislador no perdería el tiempo diciendo lo que hay que hacer, sino que lo haría o me callaría.

Habiendo nacido ciudadano de un Estado libre y miembro del soberano, por poca influencia que pueda tener mi voz en los asuntos públicos, el derecho de votar basta para que tenga el deber de instruirme. Dichoso, cada vez que reflexiono sobre los gobiernos, de encontrar siempre nuevos motivos para amar al de mi país.

CAPÍTULO I
Tema de este primer libro

El hombre ha nacido libre y en todas partes se halla encadenado. Hay quien se cree el amo de los demás aunque sea más esclavo que ellos. ¿Cómo ha ocurrido este cambio? Lo ignoro. ¿Qué es lo que puede hacerlo legítimo? Creo poder resolver esta cuestión.

Si sólo tuviera en cuenta la fuerza y el efecto que se deriva de ella, diría que mientras un pueblo está obligado a obedecer y obedece, hace lo correcto; pero en el momento en que puede sacudirse el yugo y consigue liberarse, hace todavía mejor; pues, al recuperar la libertad basándose en el mismo derecho por el que le ha sido arrebatada, o bien está legitimado para recobrarla o bien no lo estaba el que se la arrebató. Sin embargo, el orden social es un derecho sagrado que sirve de fundamento a todos los demás. Pero este derecho no procede de la naturaleza, sino que se basa en convenciones. Se trata de averiguar cuáles son esas convenciones. Pero antes debo demostrar lo que acabo de exponer.

CAPÍTULO 2
Sobre las primeras sociedades

La más antigua de todas las sociedades y la única natural es la familia. Aun así, los hijos sólo permanecen vinculados al padre el tiempo necesario para su conservación. En el momento en que esta necesidad desaparece, el lazo natural se rompe. Los hijos, libres de la obediencia que debían a su padre, recobran su independencia lo mismo que el padre, que se ve libre de los cuidados que debía a sus hijos. Si siguen unidos, ya no es de forma natural sino voluntaria y la familia misma sólo se mantiene por convención.

Esta libertad común es una consecuencia de la naturaleza del hombre. Su primera ley consiste en velar por su propia conservación, sus primeros cuidados son aquéllos que se debe a sí mismo y en cuanto alcanza el uso de razón, al ser él el único que puede juzgar cuáles son los medios más apropiados para su conservación, se convierte en su propio amo.

La familia es, pues, el primer modelo de sociedad política; el jefe es la imagen del padre, el pueblo es la imagen de los hijos y habiendo nacido todos iguales y libres sólo ceden su libertad a cambio de su utilidad. La única diferencia consiste en que, mientras en la familia el amor del padre hacia sus hijos le compensa por todos los cuidados que les dedica, en el Estado el placer de mandar suple a ese amor que el jefe no siente por sus pueblos.

Grocio niega que todo poder humano se establezca en beneficio de los gobernados; cita la esclavitud como ejemplo*. La manera constante que tiene de razonar consiste en fundamentar siempre el derecho sobre el hecho. Se podría utilizar un método de razonamiento más consecuente pero no tan favorable para los tiranos.

En opinión de Grocio no se puede determinar si el género humano pertenece a un centenar de hombres o si, por el contrario, este centenar de hombres pertenece al género humano; en su libro parece más bien inclinarse por la primera tesis y éste sería también el parecer de Hobbes. Vemos

---

* «Las sabias investigaciones sobre el derecho público no son, con frecuencia, más que la historia de antiguos abusos, y se obstina inoportunamente quien se toma la molestia de estudiarlas», *Traité manuscrit des intérêts de la FR: avec ses voisins; par M. L. M. d'A.* Eso es lo que ha hecho precisamente Grocio.

así a la especie humana dividida en rebaños de ganado cada uno con un jefe que lo protege para devorarlo.

Del mismo modo que un pastor tiene una naturaleza superior a la de su rebaño, los pastores de hombres, que son sus jefes, poseen también una naturaleza superior a la de sus pueblos. Así razonaba, según refiere Filón, el emperador Calígula, deduciendo de esta analogía que los reyes eran dioses o que los pueblos eran bestias.

El razonamiento de Calígula se parece al de Hobbes y al de Grocio. Y antes que todos ellos Aristóteles ya había dicho también que los hombres no son iguales por naturaleza, sino que unos nacen para ser esclavos y otros para dominar.

Aristóteles tenía razón pero confundía el efecto con la causa. Nada hay más cierto que todo hombre nacido en esclavitud nace para la esclavitud. Los esclavos pierden todo con sus cadenas, incluso el deseo de liberarse; aman su dependencia como los compañeros de Ulises amaban su embrutecimiento*. Si, en consecuencia, hay esclavos por naturaleza es porque ha habido esclavos contra la naturaleza. La fuerza ha creado a los primeros esclavos y su cobardía los ha perpetuado.

No he dicho nada del rey Adán ni del emperador Noé, padre de tres grandes Monarcas que se repartieron el universo como hicieron los hijos de Saturno, a quienes se creyó reconocer en ellos. Confío en que se agradecerá mi moderación; porque, descendiendo directamente de uno de estos príncipes, y tal vez de la rama primogénita, ¿quién sabe si, verificando los títulos oportunos, no sería yo el

---

* Véase un pequeño tratado de Plutarco titulado: *Que les bêtes usent de la raison*.

legítimo rey del género humano? De todas formas, es innegable que Adán fue soberano del mundo como Robinson lo fue de su isla, durante el tiempo en que fue su único habitante; y lo cómodo de este imperio era que el monarca, seguro en su trono, no temía ni rebeliones, ni guerras, ni conspiradores.

CAPÍTULO 3
Sobre el derecho del más fuerte

El más fuerte no es nunca lo suficientemente fuerte para ser siempre el amo, si no convierte su fuerza en derecho y la obediencia en deber. De ahí surge el derecho del más fuerte, derecho aparente que acaba por convertirse realmente en un principio: pero ¿se nos explicará alguna vez el significado de esta palabra? La fuerza es una capacidad física por lo que no veo qué clase de moralidad puede derivarse de sus efectos. Ceder ante la fuerza es un acto de necesidad, no de voluntad; es todo lo más un acto de prudencia. ¿En qué sentido podría ser un deber?

Si aceptásemos por un momento que se trata de un derecho, sólo resultaría de todo ello un galimatías incomprensible, porque, desde el momento en que la fuerza fundamenta el derecho, el efecto cambia con la causa; toda fuerza que supera a la anterior se convierte en derecho. Desde el momento en que es posible desobedecer con impunidad, es legítimo hacerlo y, puesto que el más fuerte siempre lleva razón, lo único que hay que hacer es conseguir ser el más fuerte. Ahora bien, ¿qué clase de derecho es el que se extingue cuando cesa la fuerza? Si hay que obedecer por fuerza, no es necesario obedecer por deber y, si no se está forzado a obedecer, no hay obligación de hacerlo. Se confirma así que la palabra derecho no añade nada a la fuerza y que aquí no tiene ningún significado.

Obedeced al poder. Si esto significa que hay que ceder a la fuerza, el precepto es bueno aunque superfluo y puedo garantizar que nunca será violado. Todo poder procede de Dios, lo confieso, pero toda enfermedad proviene igualmente de Él. ¿Significa esto que esté prohibido llamar al médico? Si un ladrón me sorprende en un rincón del bosque, no tendré más remedio que entregarle mi dinero; pero, si puedo evitarlo, ¿estaré obligado en conciencia a dárselo? Porque, en última instancia, la pistola que empuña es también un poder.

Convengamos, pues, en que la fuerza no constituye derecho y en que únicamente estamos obligados a obedecer a los poderes legítimos. De este modo vuelve a plantearse mi anterior pregunta.

CAPÍTULO 4
Sobre la esclavitud

Puesto que ningún hombre tiene una autoridad natural sobre su semejante y puesto que la fuerza no produce ningún derecho, sólo quedan las convenciones como fundamento de la autoridad legítima entre los hombres.

Si un particular, dice Grocio, puede enajenar su libertad y convertirse en esclavo de un amo, ¿por qué no iba a poder enajenar la suya todo un pueblo y convertirse en súbdito de un rey? Hay aquí muchas palabras equívocas que requerirían explicación pero atengámonos al término *alienar.* Alienar significa dar o vender. Ahora bien, un hombre que se convierte en esclavo de otro no se da, se vende, al menos a cambio de su subsistencia: pero ¿por qué se vende un pueblo? Un rey no sólo no proporciona a sus súbditos la subsistencia, sino que vive a costa de ellos y, según Rabelais, un rey no se contenta con poco. ¿Ceden, en consecuencia, los súbditos sus personas con la condición de que se acepten también sus bienes? No veo qué es lo que tendrían entonces que conservar.

Se dirá que el déspota garantiza a sus súbditos la tranquilidad civil. De acuerdo; pero ¿qué ganan si las guerras que su ambición provoca, si su avidez insaciable, si las vejaciones de sus ministros les afligen más que sus propias disputas? ¿Qué ganan si esa misma tranquilidad constituye una de sus miserias? En los calabozos también se vive tranquilo, ¿es ése suficiente motivo para estar a gusto? Los griegos encerrados en la caverna del Cíclope vivían a la espera de que les llegase el turno para ser devorados.

Decir que un hombre se entrega gratuitamente es absurdo e inconcebible; un acto así es ilegítimo y nulo por el solo hecho de que quien lo lleva a cabo no está en su sano juicio. Decir esto de todo un pueblo es suponer que se trata de un pueblo de locos: la locura no produce ningún derecho.

Aunque cada uno pudiese enajenarse a sí mismo, no podría alienar a sus hijos; éstos nacen hombres libres, su libertad les pertenece, nadie puede disponer de ella salvo ellos mismos. Antes de que alcancen el uso de la razón, el padre puede, en su nombre, estipular las condiciones de su conservación para garantizar su bienestar; pero no puede entregarlos de manera irrevocable y sin condiciones, porque tal entrega va en contra de los fines de la naturaleza y trasciende los derechos de paternidad. Para que un gobierno arbitrario fuese legítimo, sería preciso, pues, que en cada generación el pueblo tuviese la posibilidad de admitirlo o rechazarlo, pero en ese caso ese gobierno dejaría de ser arbitrario.

Renunciar a la libertad es renunciar a la condición de hombre, a los derechos de la humanidad e incluso a los deberes. No hay compensación posible para quien renuncia a todo. Tal renuncia es incompatible con la naturaleza del hombre y eliminar toda libertad a su voluntad supone arrebatar toda moralidad a sus acciones. En definitiva, establecer una autoridad absoluta, por un lado, y una obediencia sin límites, por otro, es una convención vana y contradictoria. ¿No es evidente que no se está obligado a nada respecto a quien se puede exigir todo, y no implica esta única condición, sin equivalente, sin reciprocidad, la nulidad del acto? Porque ¿qué derecho tendría contra mí mi esclavo si todo lo que él tiene me pertenece y si, al ser su derecho el mío, su derecho contra mí se convierte en una palabra sin sentido?

Grocio y los demás consideran que la guerra es otro de los orígenes del supuesto derecho de esclavitud. El vencedor tiene, según ellos, el derecho de matar al vencido y éste puede comprar su vida a cambio de su libertad; convención tanto más legítima cuanto que redunda en beneficio de ambos.

Pero es obvio que ese supuesto derecho de matar a los vencidos no procede de ningún modo del estado de guerra, por el solo hecho de que los hombres que viven en el estado de independencia primitivo no establecen entre sí vínculos lo suficientemente constantes como para crear ni el estado de paz ni el estado de guerra; no son, por tanto, enemigos por naturaleza. Son las relaciones entre las cosas y no entre los hombres las que conducen a la guerra, y el estado de guerra no puede surgir de las simples relaciones personales sino solamente de relaciones reales, por lo tanto la guerra privada o de hombre a hombre no puede existir ni en el estado de naturaleza, donde no hay propiedad permanente, ni en el estado social, donde todo se encuentra bajo la autoridad de las leyes.

Los combates particulares, los duelos, las refriegas son actos que no constituyen ningún estado; y en cuanto a las guerras privadas, autorizadas por las instituciones de Luis XI, rey de Francia, y prohibidas por la paz de Dios, se trata de abusos del gobierno feudal, sistema absurdo como ninguno, contrario a los principios del derecho natural y a todo buen gobierno.

La guerra no es, pues, una relación de hombre a hombre, sino una relación de Estado a Estado, en la que los particulares no son enemigos más que accidentalmente, no como hombres ni siquiera como ciudadanos, sino como soldados; no como miembros de la patria sino como sus defensores. En fin, cada Estado sólo puede tener como enemigos a otros Estados y no a hombres, puesto que entre cosas de naturaleza distinta no se pueden establecer relaciones auténticas.

Este principio es acorde con las máximas establecidas en todas las épocas y con la práctica de todos los pueblos civilizados. Las declaraciones de guerra no son tanto advertencias a las potencias como a sus súbditos. El extranjero, sea un rey, un particular o un pueblo, que roba, mata o detiene a los súbditos sin declarar la guerra al príncipe, no es un enemigo sino un bandido. Incluso en plena guerra un príncipe justo se apodera en país enemigo de los bienes públicos, pero respeta la persona y los bienes de los particulares; respeta los derechos sobre los cuales se fundamentan los suyos. Siendo el objetivo de la guerra la destrucción del Estado enemigo, es legítimo matar a los defensores mientras empuñan las armas; pero en cuanto las entregan y se rinden, dejan de ser enemigos o instrumentos del enemigo, vuelven a ser simplemente hombres y todo derecho sobre sus vidas desaparece. A veces se puede matar al Estado sin matar a ninguno de sus miembros. Pero la guerra no otorga ningún derecho que no sea necesario para sus fines. Estos principios no son los de Grocio; no están fundamentados sobre la autoridad de los poetas, sino que proceden de la naturaleza de las cosas y se basan en la razón.

En relación con el derecho de conquista, no tiene más fundamento que la ley del más fuerte. Si la guerra no otorga al vencedor el derecho de masacrar a los pueblos vencidos, no se puede apelar a este derecho del que carece para fundamentar su sometimiento. Solamente se tiene el derecho de matar al enemigo cuando no se le puede esclavizar; el derecho de esclavizarle no procede, por lo tanto, del derecho de matarle: es, pues, un intercambio infame obligarle a comprar su vida, sobre la que no se tiene ningún derecho, a cambio de su libertad. Al fundar el derecho de vida y de muerte sobre el derecho de esclavitud, y el derecho de esclavitud sobre el derecho de vida y de muerte, ¿no estamos cayendo en un círculo vicioso?

Aun aceptando ese terrible derecho a dar muerte, me consta que un esclavo sometido en el curso de una guerra o un pueblo conquistado no tienen obligación de obedecer a su amo más que por estar forzados a ello. Al apoderarse de algo equivalente a su vida, el vencedor no le otorga gracia alguna: en vez de matarle inútilmente, le mata con provecho. En lugar de adquirir sobre el vencido alguna autoridad unida a la fuerza, la situación de guerra entre ellos persiste y lo demuestra su relación; la utilización del derecho de guerra no conlleva ningún tratado de paz. Han realizado un convenio, de acuerdo: pero este convenio, en vez de acabar con el estado de guerra, lo prolonga.

De este modo, independientemente de cómo se consideren las cosas, el derecho de esclavitud no existe, no solamente porque no es legítimo sino porque es absurdo y no tiene ningún sentido. Las palabras *esclavitud* y *derecho* son contradictorias y excluyentes. El siguiente discurso, sea de un hombre a otro o de un hombre a un pueblo, será siempre igual de insensato. *Hago contigo un convenio en perjuicio tuyo y en beneficio mío, que respetaré mientras quiera y que tú acatarás mientras me plazca a mí.*

CAPÍTULO 5
De cómo es preciso remontarse siempre a un primer convenio

Aunque aceptase todo lo que hasta el momento he rebatido, los promotores del despotismo no habrían avanzado mucho más. Habrá siempre una gran diferencia entre someter a una multitud y regir una sociedad. Cuando hombres aislados se ven sometidos a un solo individuo, independientemente de su número, no se trata de un pueblo y de su jefe, sino de un amo y de sus esclavos. Si se quiere, se puede hablar de una agregación, pero no de una asociación. No existe ni bien público ni cuerpo político. Este hombre, aunque haya esclavizado a medio mundo, sigue siendo un particular; su interés, desligado del de los demás, es un interés privado. Si este hombre muriese, su imperio quedaría disperso y sin unión, lo mismo que una encina se deshace y se convierte en un montón de cenizas después de haberla consumido el fuego.

Un pueblo, dice Grocio, puede entregarse a un rey. Según Grocio, un pueblo existe, por tanto, como pueblo antes de entregarse a un rey. Esta misma entrega es un acto civil que conlleva una deliberación pública. Antes de examinar el acto mediante el cual un pueblo elige a un rey, habría que examinar el acto mediante el cual un pueblo se convierte en pueblo, porque, siendo este acto necesariamente anterior al otro, es el verdadero fundamento de la sociedad.

En efecto, si no existiese ningún convenio anterior, ¿dónde radicaría, a menos que la elección fuese unánime, la obligación para la minoría de someterse a la elección de la mayoría? ¿Y por qué si cien quieren un amo tienen derecho a votar por diez que no lo quieren? La ley de la mayoría ha sido establecida mediante convenio y requiere que haya habido, al menos una vez, unanimidad.

CAPÍTULO 6
Sobre el pacto social

Supongo a los hombres llegados a un punto en el que los obstáculos que dañan a su conservación en el estado de naturaleza se imponen, mediante su resistencia, a las fuerzas que cada individuo puede emplear para mantenerse en ese estado. A partir de ese momento ese estado primitivo no puede subsistir y el género humano perecería si no cambiase de manera de ser.

Ahora bien, como los hombres no pueden generar nuevas fuerzas, sino tan sólo unir y dirigir las ya existentes, no tienen otro medio de conservarse que formar, por agregación, una suma de fuerzas que pueda superar a la resistencia, que pueda ponerlas en movimiento con miras a un único objetivo y hacerlas actuar de común acuerdo.

Esa suma de fuerzas no puede surgir más que de la cooperación de muchos: pero, siendo la fuerza y la libertad de cada hombre los primeros instrumentos de su conservación, ¿cómo puede comprometerlos sin perjudicarse y sin desatender los cuidados que se debe a sí mismo? Esta dificultad respecto al tema que me ocupa se puede enunciar en los siguientes términos:

«Encontrar una forma de asociación que defienda y proteja de toda fuerza común a la persona y a los bienes de cada asociado y mediante la cual cada uno, uniéndose a todos los demás, no obedezca sino a sí mismo y quede tan libre como antes». Éste es el problema fundamental que resuelve el contrato social.

Las cláusulas de este contrato están tan determinadas por la naturaleza del acto que la más mínima modificación las convertiría en vanas y anularía su efecto, de manera que, aunque posiblemente no hayan sido nunca enunciadas formalmente, son las mismas en todas partes y en todas partes están tácitamente admitidas y reconocidas; salvo violación del pacto social, en cuyo caso cada uno recupera sus derechos originarios y su libertad natural y pierde la libertad convencional por la cual había renunciado a aquélla.

Estas cláusulas bien entendidas se reducen todas a una sola, a saber: la alienación total de cada asociado con todos sus derechos a toda la comunidad: porque, en primer lugar, al entregarse cada uno por entero, la condición es igual para todos y, al ser la condición igual para todos, nadie tiene interés en hacerla onerosa para los demás.

Además, al realizarse la cesión sin ningún tipo de reserva, la unión es lo más perfecta posible y ningún asociado tiene nada que reclamar: por el contrario, si los particulares conservasen algunos derechos, al no haber ningún superior común que pudiese fallar entre ellos y el público, y al ser cada uno en algún aspecto su propio juez, pronto querría serlo en todos, de forma que el estado de naturaleza persistiría y la asociación se convertiría, necesariamente, en tiránica o inútil.

Finalmente, entregándose cada uno a todos, no se entrega a ninguno y, como no hay ningún asociado sobre el que no se adquiera el mismo derecho que se cede sobre uno mismo, se gana el equivalente de todo lo que se pierde y más fuerza para conservar lo que se tiene.

En consecuencia, si eliminamos del pacto social lo que no es esencial, nos encontramos con que se reduce a los siguientes términos: *Cada uno de nosotros pone en común su persona y todo su poder bajo la suprema dirección de la voluntad general, recibiendo a cada miembro como parte indivisible del todo.*

De manera inmediata, de este acto de asociación surge, en lugar de la persona particular de cada contratante, un cuerpo moral y colectivo compuesto de tantos miembros como votos tiene la asamblea, el cual recibe por este mismo acto su unidad, su *yo* común, su vida y su voluntad. Esta persona pública, que se constituye así gracias a la unión de todas las restantes, se llamaba en otro tiempo *ciudad-Estado**, y ahora recibe el nombre de *república* o de *cuerpo político*, que sus miembros denominan *Estado* cuan-

---

* El verdadero sentido de esta palabra se ha perdido casi por completo entre los modernos; la mayoría confunde la ciudad con la ciudad-Estado, y al burgués con el ciudadano. Ignora que las casas forman la ciudad pero que los ciudadanos integran la ciudad-Estado. Este mismo error costó caro en otro tiempo a los cartagineses. Jamás he leído que el título de *Cives* haya sido otorgado nunca a los súbditos de ningún príncipe, ni siquiera antiguamente a los macedonios, ni en nuestros días a los ingleses, a pesar de que se hallan más cerca de la libertad que todos los demás. Tan sólo los franceses utilizan todos familiarmente este nombre de *ciudadanos*, porque no tienen ni idea de su verdadero significado, como puede verse en sus diccionarios; de no ser por ello cometerían, al usurparlo, un delito de lesa majestad: este término expresa según ellos una virtud y no un derecho. Cuando Bodino quiso referirse a nuestros ciudadanos y burgueses, cometió una grave equivocación al tomar a los unos por los otros. M. d' Alembert no se ha equivocado y ha diferenciado correctamente, en su artículo «Ginebra» los cuatro órdenes existentes (e incluso cinco si contamos también a los extranjeros) en nuestra ciudad, de los cuales solamente dos constituyen la república. Ningún otro autor francés, que yo sepa, ha comprendido el verdadero significado de la palabra *ciudadano*.

do es pasivo, *soberano* cuando es activo y *poder* al compararlo a sus semejantes. En cuanto a los asociados, reciben colectivamente el nombre de *Pueblo,* el de *ciudadanos* en tanto son miembros de la autoridad soberana y el de *súbditos* en cuanto están sometidos a las leyes del Estado. Pero estos términos se confunden con frecuencia y se utilizan unos por otros; basta con saber distinguirlos cuando se emplean con precisión.

CAPÍTULO 7
Sobre el soberano

Se puede observar mediante esta fórmula que el acto de asociación conlleva un compromiso recíproco del público con los particulares y que cada individuo, al pactar, por decirlo así, consigo mismo, se compromete en un doble sentido; a saber, como miembro del soberano con relación a los particulares y como miembro del Estado respecto al soberano. Ahora bien, aquí no se puede aplicar la máxima del derecho civil según la cual nadie está obligado a respetar los compromisos contraídos consigo mismo; pues hay mucha diferencia entre obligarse consigo mismo o con un todo del que se forma parte.

Es necesario observar también que la deliberación pública, que entraña la obediencia de todos los súbditos al soberano, debido a las dos diferentes relaciones bajo las cuales cada uno de ellos puede ser considerado, no puede, por la razón contraria, obligar al soberano para consigo mismo y que, en consecuencia, es contrario a la naturaleza del cuerpo político que el soberano se imponga una ley que no pueda infringir. Al no poder considerarse más que bajo una sola y misma relación, se encuentra en el caso de un particular que contrata consigo mismo: de donde se deduce que no hay ni puede haber ningún tipo de ley fundamental obligatoria para todo el cuerpo del pueblo, ni siquiera el contrato social. Lo que no significa que este cuerpo no pueda comprometerse con otro en aquello que no derogue este contrato, porque, en lo que respecta al extranjero, es un simple ser, un individuo.

Pero, al no derivar su ser más que de la santidad del contrato, el cuerpo político o el soberano no puede jamás obligarse, ni siquiera con respecto a otro, a nada que derogue este acto originario, como sería, por ejemplo, la enajenación de una parte de sí mismo o el sometimiento a otro soberano. Violar el acto por el cual existe sería aniquilarse y lo que no es nada no produce nada.

Tan pronto como esta multitud se ha unido en un cuerpo, no se puede ofender a uno de sus miembros sin atacar al cuerpo; y menos aún ofender al cuerpo sin que sus miembros se sientan afectados. De forma que el deber y el interés obligan igualmente a las dos partes contratantes a ayudarse mutuamente y los mismos hombres deben tratar de reunir bajo esta doble relación todas las ventajas que se derivan de ella.

Pero al no estar formado el soberano más que de los particulares que lo componen, no tiene ni puede tener interés alguno opuesto a los suyos. Por consiguiente, el poder soberano no tiene ninguna necesidad de garantía con relación a los súbditos, porque es imposible que el cuerpo quiera perjudicar a todos sus miembros y, como veremos a continuación, no puede perjudicar a ninguno en particular. El soberano, por ser quien es, es siempre lo que debe ser.

Pero no ocurre lo mismo con los súbditos respecto al soberano, porque, a pesar de tener un interés común, nada garantizaría el cumplimiento de sus compromisos si éste no encontrase medios de asegurarse su fidelidad.

En efecto, cada individuo puede, como hombre, tener una voluntad particular opuesta o diferente de la voluntad general que tiene como ciudadano. Su interés particular puede hablarle de forma totalmente diferente a como lo hace el interés común; su existencia absoluta y naturalmente independiente puede llevarle a pensar que lo que debe a la causa común es una contribución gratuita, y que para él es más oneroso el pago que para los demás es perjudicial la pérdida y, considerando a la persona moral que forma el Estado como un ser racional puesto que no es un hombre, disfrutaría de los derechos cívicos sin querer cumplir los deberes del súbdito, injusticia que acabaría produciendo la ruina del cuerpo político.

En consecuencia, para que el pacto social no sea una fórmula vacía, contiene este compromiso tácito, que sólo puede dar fuerza a los demás, y que consiste en que quien se niegue a obedecer a la voluntad general será obligado por todo el cuerpo: lo que significa que se le obligará a ser libre, pues tal es la condición que preserva a todo ciudadano de la dependencia personal aun entregándole por entero a la patria; condición que crea el artificio y el juego de la máquina política y que convierte en legítimos los compromisos civiles, que en otro caso serían absurdos, tiránicos y estarían sujetos a los mayores abusos.

CAPÍTULO 8
Sobre el estado civil

Este paso del estado de naturaleza al estado civil produce un cambio muy importante en la conducta del hombre, al reemplazar el instinto por la justicia y al otorgar a sus acciones la moralidad que les faltaba. Es solamente entonces cuando la voz del deber sustituye al impulso físico, y el derecho al deseo, de modo que el hombre, que hasta entonces sólo se había ocupado de sí mismo, se ve obligado a actuar según otros principios y a consultar a su razón en lugar de seguir sus inclinaciones. A pesar de que en esa situación se encuentra privado de algunas ventajas que tenía en el estado de naturaleza, recupera otras tan importantes y sus facultades se ejercitan y se desarrollan, sus ideas se amplían, sus sentimientos se ennoblecen y toda su alma se eleva a tal punto que, si los abusos de esta nueva condición no le situasen con frecuencia por debajo de aquélla en la que se encontraba, tendría que bendecir incesantemente el instante feliz que le sacó de allí para siempre y que convirtió a un animal estúpido y limitado en un ser inteligente y en un hombre.

Sopesemos todo esto con términos fácilmente comparables. Lo que el hombre pierde al realizar el contrato social es su libertad natural, así como un derecho ilimitado a todo lo que le apetece y puede conseguir; lo que gana es la libertad civil y la propiedad de todo lo que posee. Para no equivocarnos en estas compensaciones debemos diferenciar claramente la libertad natural, que no tiene más límites que las fuerzas del individuo, de la libertad civil, que está limitada por la voluntad general, así como la posesión que es únicamente el efecto de la fuerza o el derecho del primer ocupante, de la propiedad que sólo puede fundamentarse sobre un título positivo.

Basándonos en lo dicho anteriormente, podríamos incluir en el haber del estado civil a la libertad moral, que es la única que convierte verdaderamente al hombre en dueño de sí mismo, porque el impulso exclusivo del apetito es esclavitud y la obediencia a la ley que nos hemos prescrito es libertad. Pero ya he dicho demasiado sobre este asunto y el significado filosófico de la palabra *libertad* no entra dentro de mi tema.

CAPÍTULO 9
Sobre el dominio real

Cada miembro de la comunidad hace entrega de sí mismo tal como se encuentra, junto con todas sus fuerzas de las que forman parte los bienes que posee, a la comunidad en el momento en que ésta se crea. Esto no significa que mediante este acto la posesión cambie de naturaleza al cambiar de manos, y se convierta en propiedad en las del soberano, sino que, como las fuerzas del Estado son incomparablemente mayores que las de un particular, la posesión pública es también, de hecho, más fuerte e irrevocable, sin ser más legítima, al menos para los extranjeros. Porque el Estado es dueño, por el contrato social, de todos los bienes de sus miembros, siendo dicho contrato el fundamento, en el seno del Estado, de todos los derechos; pero, con respecto a las otras potencias, el Estado sólo tiene el derecho del primer ocupante, que procede de los particulares.

El derecho del primer ocupante, aunque más real que el derecho del más fuerte, sólo se convierte en auténtico derecho después del establecimiento del derecho de propiedad. Todo hombre tiene por naturaleza derecho a todo lo que necesita, pero el acto positivo que le convierte en propietario de algún bien le excluye de los demás. Una vez acordada su parte, debe contentarse con ella porque ya no tiene ningún derecho sobre los bienes comunes. He aquí por qué el derecho del primer ocupante, tan débil en el estado de naturaleza, es respetable para todo hombre civil. Se respeta menos en este derecho lo que pertenece a otro que lo que no nos pertenece.

En general, para autorizar el derecho del primer ocupante sobre cualquier terreno son necesarias las siguientes condiciones. Primero, que esa tierra no esté aún habitada por nadie; segundo, que sólo ocupe la extensión necesaria para subsistir, y tercero, que se tome posesión de ella no mediante una vana ceremonia, sino mediante el trabajo y el cultivo, único signo de propiedad que, a falta de títulos jurídicos, debe ser respetado por los demás.

En efecto, otorgar a la necesidad y al trabajo el derecho de primer ocupante, ¿no significa ampliarlo hasta sus límites máximos? ¿Sería posible no poner límites a este derecho? ¿Bastará con poner los pies en un terreno común para pretender convertirse inmediatamente en su dueño? ¿Bastará con tener la fuerza necesaria para excluir durante cierto tiempo a los restantes hombres, para arrebatarles para siempre el derecho de volver? ¿Cómo puede un hombre o un pueblo apoderarse de un territorio inmenso y privar a todo el género humano de su uso, si no es mediante una usurpación condenable que priva al resto de los hombres de la morada y de los alimentos que la naturaleza les otorga en común? Cuando Núñez de Balboa tomó posesión del mar del Sur y de toda la América meridional en nombre de la Corona de Castilla, ¿era motivo suficiente para desposeer a todos sus habitantes y para excluir a todos los príncipes del mundo? En razón de esto, esas ceremonias se multiplicaban bastante inútilmente y al rey católico le bastaba con tomar posesión de todo el universo desde su despacho, suprimiendo después de su imperio lo que anteriormente pertenecía a los demás príncipes.

Se concibe así cómo las tierras de los particulares reunidas y contiguas se convierten en terreno público y cómo el derecho de soberanía, al extenderse desde los súbditos al terreno que ocupan, se transforma a la vez en real y personal; lo que coloca a los poseedores en una situación de mayor dependencia y hace que sus propias fuerzas se conviertan en garantía de su fidelidad. Ventaja que no parece haber sido captada por los antiguos monarcas, que al llamarse reyes de los persas, de los escitas, de los macedonios, parecían considerarse más como jefes de los hombres que como señores del país. Los de hoy se denominan con más habilidad reyes de Francia, de España, de Inglaterra, etc. Dominando el territorio, están seguros de dominar a sus habitantes.

Lo que hay de singular en esta alienación es que, al aceptar la comunidad los bienes de los particulares, en vez de despojarles de ellos, no hace sino garantizarles su legítima posesión, convirtiendo la usurpación en un verdadero derecho y el disfrute en propiedad. De forma que los poseedores, al ser considerados como depositarios del bien público y al ser respetados sus derechos por todos los miembros del Estado y defendidos con todas sus fuerzas contra el extranjero, recuperan, por decirlo así, todo lo que habían entregado al Estado mediante una cesión ventajosa para la colectividad y, más aún, para sí mismos. Esta paradoja se explica fácilmente si diferenciamos los derechos que el soberano y el propietario tienen sobre el mismo bien, como veremos a continuación.

Puede ocurrir también que los hombres comiencen a unirse antes de poseer nada y que, apropiándose después de un terreno suficiente para todos, disfruten de él en común o se lo repartan entre ellos, bien de manera igualitaria o según lo instituido por el soberano. De cualquier forma en que se establezca esta adquisición, el derecho que cada particular tiene sobre su tierra queda siempre subordinado al derecho que la comunidad tiene sobre todos, sin lo cual no existiría ni solidez en el vínculo social ni verdadera fuerza en el ejercicio de la soberanía.

Terminaré este capítulo y este libro con una observación que tiene que servir como fundamento a todo el sistema social; a saber, que en vez de destruir la igualdad natural, el pacto fundamental sustituye la desigualdad física que la naturaleza ha podido desarrollar entre los hombres por una igualdad moral y legítima, de forma que, aun pudiendo ser desiguales en fuerza o en talento, se convierten todos ellos en iguales por convención y por derecho*.

---

* Bajo los malos gobiernos esta igualdad es sólo aparente e ilusoria; sólo sirve para mantener al pobre en la miseria y al rico en su usurpación. En la práctica las leyes son siempre útiles para los que poseen y perjudiciales para los que no tienen nada: de donde se deduce que el estado social solamente es ventajoso para los hombres si todos tienen algo y si nadie tiene demasiado.

Libro II

CAPÍTULO I
La soberanía es inalienable

La primera y más importante consecuencia de los principios anteriormente expuestos es que la voluntad general puede por sí sola dirigir las fuerzas del Estado de acuerdo con el objetivo de su institución, que es el bien común: porque si la oposición de los intereses particulares ha hecho necesaria la creación de las sociedades, lo que la ha hecho posible es el acuerdo de estos mismos intereses. Es lo que hay de común en estos diferentes intereses lo que configura el vínculo social y si no hubiese un punto en el que todos los intereses coincidiesen, no habría sociedad. Ahora bien, la sociedad debe ser gobernada únicamente en función de ese interés común.

Declaro, pues, que no siendo la soberanía sino el ejercicio de la voluntad general no puede enajenarse jamás y el soberano, que sólo es un ser colectivo, no puede ser representado más que por sí mismo: el poder puede ser transferido pero no la voluntad.

En efecto, si bien no es imposible que una voluntad particular coincida en algún aspecto con la voluntad general, sí lo es al menos que este acuerdo sea duradero y constante, porque la voluntad particular tiende por naturaleza a las preferencias, mientras que la voluntad general tiende a la igualdad. Es todavía más difícil tener una garantía de este acuerdo, aunque siempre debería tenerse, pero no sería un efecto del arte sino del azar. El soberano puede decir: quiero actualmente lo que quiere tal hombre o, al menos, lo que dice querer, pero no puede decir: lo que este hombre quiera mañana yo también lo querré, porque es absurdo que la voluntad se encadene para el futuro y porque no depende de ninguna voluntad acceder a nada que sea contrario al bien del ser que quiere. Si, en consecuencia, el pueblo prometiese obedecer, se destruiría mediante ese acto y perdería su condición de pueblo; en el instante en que hay un amo ya no hay soberano, y desde ese momento el cuerpo político queda aniquilado.

De aquí no hay que deducir que las órdenes de los jefes no puedan hacerse pasar por voluntades generales si el soberano, con capacidad para oponerse, no lo hace. En tal caso, del silencio universal se presupone el consentimiento del pueblo. Esto se explicará más detenidamente.

CAPÍTULO 2
La soberanía es indivisible

Por la misma razón que la soberanía es inalienable, también es indivisible. Porque la voluntad es general* o no lo es; es la del cuerpo del pueblo o solamente la de una parte. En el primer caso, esa voluntad declarada es un acto

---

* Para que una voluntad sea general, no es siempre necesario que sea unánime, aunque sí es necesario que se cuenten todos los votos; toda exclusión formal anula la generalidad.

de soberanía y tiene fuerza de ley: en el segundo, no es sino una voluntad particular o un acto de magistratura: es, a lo sumo, un decreto.

Mas, no pudiendo nuestros políticos dividir la soberanía en su principio, la dividen en su objeto; la dividen en fuerza y en voluntad, en poder legislativo y en poder ejecutivo, en derechos para recabar impuestos, para aplicar justicia, de guerra, en administración interior, y en poder para tratar con el extranjero; unas veces confunden todas estas partes y otras las separan; hacen del soberano un ser fantástico formado de diferentes piezas; es como si crearan al hombre a partir de muchos cuerpos, de los cuales uno tuviese ojos, otro brazos, otro pies, y nada más. Se dice que los charlatanes de Japón despedazan a un niño a la vista de los espectadores y luego lanzan al aire sus miembros uno tras otro y consiguen que el niño vuelva a caer al suelo vivo y recompuesto. Así son más o menos los juegos de prestidigitación de nuestros políticos: después de haber desmembrado el cuerpo social, mediante un acto de prestidigitación digno de una feria, reúnen los pedazos no se sabe cómo.

Este error proviene de no tener nociones exactas de la autoridad soberana y de haber tomado como partes de dicha autoridad lo que no eran más que sus emanaciones. Así, por ejemplo, el acto de declarar la guerra y el de hacer la paz se han considerado actos de soberanía, lo que es inexacto, porque cada uno de ellos no es una ley sino sólo una aplicación de ésta, un acto particular que determina la circunstancia de la ley, como se podrá apreciar cuando explique el concepto que va unido a la palabra *ley*.

Si analizásemos asimismo las otras divisiones, constataríamos que siempre que concebimos a la soberanía dividida nos equivocamos; que los derechos que tomamos como parte de dicha soberanía le están todos subordinados y conllevan siempre voluntades supremas, de las que estos derechos sólo son su ejecución.

No es posible decir hasta qué punto esta falta de exactitud ha oscurecido las decisiones de los autores en materia de derecho político, cuando han querido determinar los derechos respectivos de los reyes y de los pueblos sobre la base de los principios que habían establecido. En los capítulos 3 y 4 del primer libro de Grocio se puede apreciar cómo este erudito y su traductor Barbeyrac se enredan y se confunden con sus sofismas, por miedo a decir demasiado o a no decir bastante, según sus puntos de vista, y por temor a oponerse a los intereses que debían conciliar. Grocio, refugiado en Francia, resentido con su patria y queriendo agradar a Luis XIII, a quien había dedicado su libro, no escatima esfuerzos para despojar a los pueblos de todos sus derechos y otorgárselos a los reyes de la manera más artística. Éste hubiera sido también el deseo de Barbeyrac, quien dedicó su traducción al rey de Inglaterra Jorge I. Pero desgraciadamente la expulsión de Jacobo II, que él denomina abdicación, le obligó a adoptar algunas reservas, a eludir, a tergiversar, para no convertir a Guillermo en un usurpador. Si estos dos escritores hubiesen adoptado los principios verdaderos, habrían solventado todas las dificultades y habrían sido siempre consecuentes; pero hubiesen dicho la verdad y sólo hubieran agradado al pueblo. Pues la verdad no conduce a la fortuna y el pueblo no otorga embajadas, ni cátedras, ni pensiones.

CAPÍTULO 3
Sobre si la voluntad general puede errar

Se deduce de todo lo que precede que la voluntad general es siempre recta y tiende siempre a la utilidad pública; pero no que las deliberaciones del pueblo tengan siempre la misma rectitud. Se quiere siempre el bien, pero no siempre se sabe dónde reside. Nunca se corrompe al pueblo, pero frecuentemente se le engaña y sólo entonces parece querer lo malo.

Existe con frecuencia mucha diferencia entre la voluntad de todos y la voluntad general; ésta última sólo busca el interés común; la primera persigue el interés privado y no es sino una suma de voluntades particulares; pero eliminad de estas mismas voluntades el más y el menos que se destruyen* mutuamente y queda como suma de las diferencias la voluntad general.

Si cuando el pueblo, suficientemente informado, delibera, no mantuviesen los ciudadanos ninguna comunicación entre sí, de las numerosas pequeñas diferencias surgiría la voluntad general y la deliberación sería siempre correcta. Pero cuando se desarrollan intrigas y se constituyen asociaciones parciales a expensas de la asociación general, la voluntad de cada una de estas asociaciones se convierte en

---

* «Cada interés», dice el marqués de A., «tiene principios diferentes. El acuerdo entre dos intereses particulares se constituye por oposición a un tercero». Hubiera podido añadir que la concordancia de todos los intereses se realiza en oposición al interés de cada uno. Si no hubiese intereses diferentes, apenas notaríamos la presencia del interés común, que jamás hallaría obstáculos: todo funcionaría por sí mismo y la política dejaría de ser un arte.

general con respecto a sus miembros y en particular con relación al Estado; se puede afirmar entonces que ya no hay tantos votantes como hombres, sino como asociaciones. Las diferencias se reducen y dan un resultado menos general. Al final, cuando una de estas asociaciones es tan grande que prevalece sobre todas las restantes, el resultado ya no es una suma de pequeñas diferencias, sino una diferencia única; entonces deja de haber voluntad general y la opinión que prevalece no es sino una opinión particular.

Es importante, pues, para que la voluntad general esté bien formulada que no haya ninguna sociedad parcial en el Estado y que cada ciudadano opine solamente según su propio entender*. Esa fue la única y sublime institución del gran Licurgo. En el caso de que existiesen sociedades parciales, habría que multiplicar su número para prevenir la desigualdad, como hicieron Solón, Numa y Servio. Estas precauciones son las únicas adecuadas para que la voluntad general se imponga siempre y para que el pueblo no se equivoque.

CAPÍTULO 4
Sobre los límites del poder soberano

Si el Estado o la ciudad-Estado no es más que una persona moral cuya vida consiste en la unión de sus miembros, y si

---

* «Vera cosa è», dice Maquiavelo, «che alcune divisioni nuocono alle Republiche, e alcune giovano: quelle nuocono che sono dalle sette e da partigiani accompagnate: quelle giovano che senza sette, senza partigiani si mantengano. Non potendo adunque provedere un fondatore d'una Republica che non siano nimicizie in quella, hà da proveder almeno che non vi siano sette». Hist. Fiorent. L. VII.

el más importante de sus cuidados consiste en su propia conservación, necesita una fuerza universal y coercitiva que mueva y coloque cada parte del modo más conveniente para el todo. De la misma manera que la naturaleza da a cada hombre un poder absoluto sobre todos sus miembros, el pacto social otorga al cuerpo político un poder absoluto sobre todos los suyos y es este mismo poder el que, dirigido por la voluntad general, se denomina soberanía.

Pero, además de la persona pública, tenemos que tomar en consideración a las personas privadas que la forman y cuyas vidas y libertades son naturalmente independientes de ella. Se trata, pues, de distinguir con claridad los derechos de los ciudadanos de los del soberano*, así como los deberes que tienen que cumplir los primeros en su condición de súbditos del derecho natural de que deben gozar por su condición de hombres.

Se acuerda que la porción de poder, de bienes y de libertad que cada uno enajena mediante el pacto social es exclusivamente la parte que necesita la comunidad; pero es necesario convenir también que sólo le corresponde al soberano determinar dicha necesidad.

Todos los servicios que un ciudadano puede prestar al Estado debe proporcionarlos en el momento en que el soberano se los pide; pero el soberano, por su parte, no puede cargar a sus súbditos con ninguna cadena que sea inútil para la comunidad; ni siquiera puede desearlo: porque bajo la ley de la razón no se hace nada sin causa, como ocurre con la ley de la naturaleza.

---

* Atentos lectores: no os apresuréis, os lo ruego, a acusarme aquí de contradicción. No he podido evitarla en los términos, debido a la pobreza del lenguaje; pero esperad.

Los compromisos que nos vinculan al cuerpo social son sólo obligatorios porque son mutuos y su naturaleza es tal que, al cumplirlos, no trabajamos para los demás sino que trabajamos también para nosotros mismos. ¿Por qué la voluntad general es siempre recta y por qué todos quieren constantemente la felicidad de cada uno, si no es porque no hay nadie que se apropie de la expresión *cada uno* y que piense en sí mismo al votar para todos? Ello prueba que la igualdad de derechos y la noción de justicia que produce se derivan de la preferencia que cada uno se otorga y, por consiguiente, de la naturaleza del hombre; que la voluntad general, para ser verdaderamente tal, debe serlo en su objeto y en su esencia; que debe partir de todos para aplicarse a todos, y que pierde su rectitud natural cuando tiende hacia algún objeto individual y determinado, pues entonces, al juzgar sobre cuestiones que nos resultan extrañas, no tenemos ningún principio verdadero de equidad que nos guíe.

En efecto, cuando se trata de un hecho o de un derecho particular sobre un aspecto que no ha sido regulado por una convención general y anterior, el asunto se vuelve polémico. Es un proceso en el que los particulares interesados son una de las partes y el público la otra, pero en el que se desconoce qué ley hay que seguir y qué juez debe dictar sentencia. Sería ridículo, pues, querer hacer referencia a una decisión expresa de la voluntad general, que sólo sería la conclusión de una de las partes y que, por ese motivo, no sería para la otra parte sino una voluntad extraña, particular, tendente en este caso a la injusticia y proclive al error. Así, del mismo modo que una voluntad particular no puede representar a la voluntad general, ésta, a su vez, cambia de naturaleza si tiene un objeto particular y, en consecuencia, no puede pronunciarse ni sobre un hombre ni sobre un hecho. Cuando el pueblo de Atenas, por ejemplo, nombraba o cesaba a sus jefes, concedía honores a uno, imponía penas a otro y, mediante una multitud de decretos particulares, se ocupaba de todos los actos del gobierno indistintamente, el pueblo dejaba de tener voluntad general propiamente dicha y no obraba ya como soberano, sino como magistrado. Lo que acabo de decir parece contradictorio con las ideas comunes, pero es preciso darme tiempo para exponer las mías.

De aquí se deduce, por consiguiente, que lo que convierte en general a la voluntad no es tanto el número de votos como el interés común que los une: porque en esta institución cada uno se somete necesariamente a las condiciones que impone a los demás; conciliación admirable del interés y de la justicia, que otorga a las deliberaciones comunes un carácter de equidad que desaparece en la discusión de todo asunto particular, debido a la falta de un interés común que una e identifique la norma del juez con la de la parte.

De cualquier forma en que nos remontemos al principio, llegamos siempre a la misma conclusión, a saber: que el pacto social establece entre los ciudadanos una igualdad tal que todos se comprometen en las mismas condiciones y todos deben disfrutar de los mismos derechos. De modo que, debido a la naturaleza del pacto, todo acto de soberanía, es decir todo acto auténtico de la voluntad general, obliga o favorece igualmente a todos los ciudadanos; de tal forma que el soberano conoce únicamente al cuerpo de la nación y no distingue a ninguno de los que la forman. ¿Qué es propiamente un acto de soberanía? No es un convenio entre el superior y el inferior, sino un convenio del cuerpo con cada uno de sus miembros: convenio legítimo porque tiene como fundamento el contrato social, equitativo porque es común a todos, útil porque no puede tener más finalidad que el bien general y estable porque tiene como garantía a la fuerza pública y al poder supremo. Mientras los súbditos sólo se hallen sometidos a ese tipo de convenios, no obedecen a nadie más que a su propia voluntad; y la pregunta de hasta dónde se extienden los derechos respectivos del soberano y de los ciudadanos supone preguntar hasta qué punto pueden comprometerse éstos consigo mismos, cada uno con todos y todos con cada uno.

Vemos así que el poder soberano, por muy absoluto, sagrado e inviolable que sea, no excede ni puede exceder los límites de las convenciones generales y que todo hombre puede disponer plenamente de los bienes y de la libertad que le han dejado esas convenciones; de manera que el soberano no tiene derecho a infligir más cargas a un súbdito que a otro, porque en ese caso, al adquirir el asunto un carácter particular, su poder deja de ser justo.

Una vez aceptadas estas distinciones, es completamente falso que en el contrato social haya ninguna renuncia verdadera por parte de los particulares, pues su situación gracias a dicho contrato, es mil veces preferible a la de antes, ya que, en vez de una alienación, han hecho un cambio ventajoso al sustituir una manera de vivir incierta y precaria por otra mejor y más segura, al cambiar la independencia natural por la libertad, el poder de perjudicar a otro por su propia seguridad, y su fuerza, que otros podían sobrepasar, por un derecho que la unión social hace invencible. Su vida misma, que han consagrado al Estado, está permanentemente protegida por él, y cuando la exponen para su defensa ¿qué otra cosa hacen sino devolverle lo que han recibido de él? ¿Qué hacen que no hiciesen en el estado de naturaleza con mucho más riesgo cuando, librando combates inevitables, defendían, exponiendo sus vidas, lo que les sirve para conservarlas? Todos tienen que combatir por la patria cuando es necesario; es cierto, pero en cambio nadie tiene que combatir por sí mismo. ¿No salimos ganando, al arriesgar por lo que garantiza nuestra seguridad una parte de los peligros que tendríamos que correr por nosotros mismos en el momento en que nos fuese arrebatada?

CAPÍTULO 5
Sobre el derecho de vida y de muerte

La pregunta ¿cómo pueden los particulares que no tienen derecho a disponer de su propia vida transmitir al soberano ese mismo derecho del que carecen? parece difícil de responder sólo porque está mal formulada. Todos los hombres tienen derecho a arriesgar su propia vida para conservarla. ¿Se ha dicho alguna vez que quien se arroja por una ventana para escapar de un incendio es un suicida? ¿Se le ha achacado acaso este crimen a quien ha perecido en una tempestad aunque al embarcarse no ignorase ese peligro?

El contrato social tiene como finalidad la conservación de los contratantes. Quien quiere el fin quiere también los medios y estos medios son inseparables de algunos riesgos, incluso de algunas pérdidas. Quien quiere conservar su vida a expensas de los demás debe entregarla también por ellos cuando es preciso. Ahora bien, el ciudadano no está en condiciones de evaluar el peligro al que la ley quiere que se exponga, y cuando el príncipe le dice que es necesario para el Estado que muera, debe morir, pues sólo con esa condición ha vivido hasta entonces seguro y porque su vida no es solamente un don de la naturaleza, sino también un don condicional del Estado.

La pena de muerte infligida a los criminales puede ser considerada casi desde el mismo punto de vista: para no ser la víctima de un asesino se consiente en morir en caso de llegar a serlo. En este pacto, en lugar de disponer de la propia vida se piensa únicamente en protegerla y no es previsible que alguno de los contratantes quiera hacerse ahorcar.

Es más, todo malhechor que ataca el derecho social se convierte por sus fechorías en rebelde y traidor a la patria; deja de pertenecer a ella al violar sus leyes, y hasta le declara la guerra. Entonces, la supervivencia del Estado se vuelve incompatible con la suya, es preciso que uno de los dos perezca y cuando se da muerte al culpable, es menos como ciudadano que como enemigo. Las actuaciones y el juicio son las pruebas y la confesión de que ha roto el pacto social y, en consecuencia, de que ya no es miembro del Estado. Ahora bien, como él se ha reconocido como tal, al menos por su residencia, debe ser excluido mediante el destierro como infractor del pacto, o bien mediante la muerte como enemigo público; porque un enemigo así no es una persona moral, es un hombre y el derecho de guerra autoriza a matar al vencido.

Pero se podrá objetar que la condena de un criminal es un acto particular. De acuerdo; por ese motivo esa condena no es competencia del soberano; es un derecho que puede conferir sin poder ejercerlo él mismo. Todas mis ideas están entrelazadas pero no puedo exponerlas todas a la vez.

Por lo demás, los suplicios frecuentes son siempre un signo de debilidad o de pereza por parte del gobierno; no existe ningún malvado que no pueda servir para algo. No tenemos derecho a matar, ni siquiera para dar ejemplo, más que a quien no podamos dejar vivir sin peligro.

Respecto al derecho de indultar o de eximir a un culpable de la pena impuesta por la ley y dictada por el juez, no corresponde sino al que está por encima del juez y de la ley, es decir, al soberano: sin embargo, su competencia en este asunto no está muy clara y los casos en que se puede emplear son muy raros. En un Estado bien gobernado se imponen pocos castigos, no porque se concedan muchos indultos, sino porque hay pocos criminales: el gran número de crímenes conlleva la impunidad cuando el Estado se debilita. Durante la República romana, ni el Senado ni los cónsules indultaron a nadie; ni siquiera el pueblo mismo lo hacía, aunque algunas veces revocase su propio juicio. Los indultos frecuentes anuncian que muy pronto serán innecesarios y todo el mundo sabe adónde conduce todo eso. Pero siento que mi corazón susurra y detiene mi pluma; dejemos estas cuestiones para que las discuta el hombre justo que no ha caído nunca y que jamás tuvo necesidad de perdón.

CAPÍTULO 6
Sobre la ley

Mediante el pacto social hemos otorgado existencia y vida al cuerpo político; se trata ahora de dotarle de movimiento y de voluntad mediante la legislación. Porque el acto primitivo mediante el que este cuerpo se constituye y se une no determina lo que debe hacer para conservarse.

Lo que es bueno y está conforme con el orden es así por la naturaleza de las cosas e independientemente de las convenciones humanas. Toda justicia procede de Dios, sólo él es su fuente; pero si nosotros supiésemos recibirla desde tan alto no tendríamos necesidad ni de gobierno ni de leyes. Sin duda existe una justicia universal que emana sólo de la razón; pero esta justicia, para ser aceptada entre nosotros, debe ser recíproca. Si consideramos las cosas desde el lado humano, sin una sanción natural las leyes de la justicia son vanas entre los hombres; sólo hacen bien al malo y mal al bueno; éste las respeta con todos sin obtener reciprocidad. Son necesarias, pues, convenciones y leyes que unan los derechos y los deberes para que la justicia cumpla su objetivo. En el estado de naturaleza, donde todo es común, nada debo a quien nada he prometido y no reconozco a otro más que lo que a mí me resulta inútil. No ocurre lo mismo en el estado civil, donde todos los derechos están fijados por ley.

Pero ¿qué es entonces una ley? Mientras nos contentemos con atribuir a esta palabra ideas metafísicas, continuaremos razonando sin entendernos, y aunque hayamos definido lo que es una ley de la naturaleza no por ello sabremos mejor qué es una ley del Estado.

Ya he dicho que no se puede hablar de voluntad general para referirnos a un objeto particular. En efecto, ese objeto particular está en el Estado o fuera del Estado. Si está fuera del Estado, una voluntad que le es extranjera no es general con respecto a él, y si ese objeto está en el Estado, forma parte de él: entonces se constituye entre el todo y la parte una relación que hace de ellos dos seres separados, de los cuales la parte es uno, y el todo es el otro menos esa misma parte. Pero el todo menos una parte no es el todo, y, mientras esta relación subsista, no hay un todo, sino dos partes desiguales; de donde se deduce que la voluntad de una de ellas no es tampoco general con relación a la otra.

Pero cuando todo el pueblo decreta sobre todo el pueblo, sólo se considera a sí mismo y si entonces se establece una relación es del objeto en su totalidad, considerado bajo un punto de vista, al objeto en su totalidad visto bajo otra perspectiva, sin ninguna división del todo. Por ello la materia objeto de decreto es general, lo mismo que la voluntad que decreta. A este acto es al que yo llamo una ley.

Cuando afirmo que el objeto de las leyes es siempre general, entiendo que la ley considera a los súbditos como cuerpos y a las acciones como abstractas, nunca a los hombres como individuos, ni a las acciones como particulares. Así, la ley puede decretar que habrá privilegios, pero no puede concederlos especialmente a nadie. La ley puede establecer muchas clases de ciudadanos e incluso señalar las cualidades que darán derecho a formar parte de estas clases, pero no puede nombrar a éste o a aquél para ser admitido en ellas; puede establecer un gobierno real y una sucesión hereditaria, pero no puede elegir a un rey ni nombrar una familia real: en una palabra, toda función que tenga que ver con algo individual no es competencia del poder legislativo.

De acuerdo con esta idea, resulta evidente que no hay que preguntar a quién corresponde hacer las leyes, puesto que son actos de la voluntad general, ni si el príncipe está por encima de las leyes, puesto que es miembro del Estado, ni si la ley puede ser injusta, puesto que nadie es injusto consigo mismo, ni cómo se puede ser libre y estar sometido a las leyes, puesto que no son sino manifestaciones de nuestra voluntad.

Se observa además que, al reunir la ley la universalidad de la voluntad y la del objeto, lo que un hombre cualquiera ordena por autoridad propia no es en modo alguno una ley; lo que ordena el mismo soberano sobre un objeto particular no es tampoco una ley, sino un decreto; no es un acto de soberanía, sino de magistratura.

Llamo, pues, república a todo Estado regido por leyes, bajo cualquier tipo de administración que pueda hallarse; en este caso es el interés público el que gobierna y la cosa pública es algo. Todo gobierno legítimo es republicano*; explicaré más adelante lo que es un gobierno.

---

* Por esta palabra no entiendo solamente una aristocracia o una democracia, sino, en general, todo gobierno guiado por la voluntad general, que es la ley. Para ser legítimo, no es preciso que el gobierno se confunda con el soberano, sino que sea su ministro: entonces la monarquía misma es república. Esto lo aclararé en el libro siguiente.

Las leyes no son sino las condiciones de la asociación civil. El pueblo, sometido a las leyes, debe ser su autor; sólo corresponde a los que se asocian estipular las normas de la sociedad: ¿pero cómo hacerlo? ¿Será de común acuerdo, mediante una inspiración súbita? ¿Tiene el cuerpo político algún órgano para expresar estas voluntades? ¿Quién le dará la previsión necesaria para levantar actas y publicarlas previamente, o cómo las enunciará en el momento necesario? ¿Cómo una multitud ciega que con frecuencia no sabe lo que quiere, porque rara vez sabe lo que le conviene, acometería por sí misma una tarea tan grande y tan difícil como es un sistema de legislación? El pueblo quiere siempre el bien, pero no siempre lo ve por sí mismo. La voluntad general es siempre recta, pero el entendimiento que la guía no es siempre esclarecido. Es preciso hacerle ver los objetos tal como son, y a veces tal como deben parecerle, mostrarle el buen camino que busca, librarle de las seducciones de las voluntades particulares, acercar a sus ojos los lugares y las épocas, contraponer el atractivo de las ventajas presentes y apreciables al peligro de los males lejanos y ocultos. Los particulares ven el bien que rechazan: el público quiere el bien que no ve. Todos necesitan guías: hay que obligar a los unos a conformar sus voluntades con su razón; al otro hay que enseñarle a saber lo que quiere. Entonces de las luces públicas surgirá la unión del entendimiento y de la voluntad en el cuerpo social, la cooperación exacta entre las partes y, finalmente, la mayor fuerza del todo. De ahí surge la necesidad de un legislador.

CAPÍTULO 7
Sobre el legislador

Para descubrir las mejores normas sociales que convienen a las naciones, se necesitaría una inteligencia superior que viese todas las pasiones de los hombres sin experimentar ninguna; que no tuviese ninguna relación con nuestra naturaleza y que la conociese a fondo; cuya felicidad fuese independiente de nosotros y que, sin embargo, quisiera ocuparse de la nuestra; en fin, que pudiese trabajar en un siglo y gozar en otro*, procurándose una gloria lejana en el devenir de los tiempos. Serían necesarios dioses para dictar leyes a los hombres.

El mismo razonamiento que hacía Calígula en cuanto al hecho, lo hacía Platón en cuanto al derecho para definir al hombre civil o real que busca en su libro sobre el reinado. Pero, si es verdad que un gran príncipe es un hombre raro, ¿qué decir de un gran legislador? El primero no tiene más que seguir el modelo que el otro debe proponer. Éste es el mecánico que inventa la máquina, aquél no es más que el obrero que la monta y la hace funcionar. En el nacimiento de las sociedades, dice Montesquieu, son los jefes de las repúblicas los que crean la institución, y es después la institución la que forma a los jefes de las repúblicas.

Quien se atreva a acometer la obra de crear un pueblo, debe sentirse capaz de transformar, por así decirlo, la na-

---

* Un pueblo no llega a ser célebre hasta que su legislación comienza a declinar. Se ignora durante cuántos siglos la legislación de Licurgo hizo felices a los espartanos antes de que se hablase de ellos en el resto de Grecia.

turaleza humana; de convertir a cada individuo, que por sí mismo es un todo perfecto y solitario, en una parte de un todo más grande del que este individuo recibe, en cierto modo, su vida y su ser; de alterar la constitución del hombre para reforzarla; de sustituir la existencia física e independiente que todos hemos recibido de la naturaleza por una existencia parcial y moral. Es necesario, en una palabra, arrebatar al hombre sus propias fuerzas para darle otras que le resultan extrañas y de las que no pueda hacer uso sin ayuda de otro. Cuanto más muertas y aniquiladas estén esas fuerzas, más grandes y duraderas serán las adquiridas y más firme y perfecta será la institución: de manera que si cada ciudadano sin todos los demás no es nada y no puede nada y si la fuerza adquirida por el todo es igual o superior a la suma de las fuerzas naturales de todos los individuos, se puede afirmar que la legislación ha alcanzado el más alto nivel de perfección de que es capaz.

El legislador es, por todos los conceptos, un hombre extraordinario en el Estado. Si debe serlo por su talento, no lo es menos por su función, que no es ni la magistratura ni la soberanía. Dicha función, que constituye la República, no entra en su constitución; es una función particular y superior que no tiene nada en común con el poder humano, porque, si quien manda a los hombres no debe dictar las leyes, el que dicta las leyes no debe mandar a los hombres; de otra forma, estas leyes, instrumentos de sus pasiones, no harían más que perpetuar sus injusticias y no podría evitar jamás que miras particulares alterasen la santidad de su obra.

Cuando Licurgo dictó leyes para su patria, abdicó primero de la realeza. Era habitual en la mayoría de las ciudades-Estado griegas confiar a los extranjeros la institución de sus leyes. Las repúblicas modernas de Italia imitaron muchas veces esta costumbre; la de Ginebra hizo lo mismo con éxito*. Roma, en su época más gloriosa, vio resurgir en su seno todos los crímenes de la tiranía, y estuvo a punto de perecer por haber juntado en las mismas manos la autoridad legislativa y el poder soberano.

Sin embargo, ni siquiera los decenviros se arrogaron nunca el derecho de dictar leyes apelando a su autoridad. «Nada de lo que os proponemos», decían al pueblo, «puede aprobarse sin vuestro consentimiento. Romanos: sed vosotros mismos los autores de las leyes que deben haceros felices».

Quien redacta las leyes no tiene, pues, o no debe tener ningún derecho legislativo y ni siquiera el pueblo puede, aunque quisiera, despojarse de ese derecho intransferible; porque, según el pacto fundamental, sólo la voluntad general obliga a los particulares y no se puede garantizar que una voluntad particular esté conforme con la voluntad general sino después de haberla sometido a los votos libres del pueblo: esto ya lo he dicho, pero no es inútil repetirlo.

De este modo se encuentran a la vez en la obra de legislación dos cosas que parecen incompatibles: una tarea superior a las fuerzas humanas y, para ejecutarla, una autoridad que no es nada.

---

* Los que no consideran a Calvino más que como teólogo, conocen mal el alcance de su talento. La redacción de nuestros sabios edictos, en la que participó activamente, le honra tanto como su institución. Por muchas transformaciones que el tiempo pueda provocar en nuestro culto, mientras que el amor a la patria y a la libertad no se extingan entre nosotros, la memoria de este gran hombre nunca dejará de ser bendecida.

Otra dificultad que merece atención. Los sabios que quieren hablar al vulgo en su lengua en vez de hacerlo en la de éste, no podrán ser comprendidos. Ahora bien, hay cientos de ideas que es imposible trasladar a la lengua del pueblo. Los puntos de vista demasiado generales y los objetos demasiado alejados están asimismo fuera de su alcance; al no querer cada individuo más plan de gobierno que el que tiene que ver con su interés particular, percibe con mucha dificultad las ventajas que puede sacar de las privaciones continuas que imponen las buenas leyes. Para que un pueblo en vías de constitución pueda apreciar los buenos principios de política y seguir las reglas fundamentales de la razón de Estado, sería preciso que el efecto pudiese convertirse en causa, que el espíritu social, que debe ser el resultado de la institución, presidiese la institución misma y que los hombres fuesen ya, antes de existir las leyes, lo que deben llegar a ser gracias a ellas. Así pues, no pudiendo emplear el legislador ni la fuerza ni el razonamiento, tiene que recurrir necesariamente a una autoridad de otro tipo, que pueda atraer sin violencia y persuadir sin convencer.

Esto es lo que obligó en todas las épocas a los padres de las naciones a recurrir a la intervención del cielo y a honrar a los dioses con su propia sabiduría, de modo que los pueblos, sometidos a las leyes del Estado y a las de la naturaleza, y reconociendo el mismo poder en la creación del hombre y en la de la ciudad-Estado, obedeciesen con libertad y llevasen dócilmente el yugo de la felicidad pública.

Esta razón sublime que trasciende el alcance de los hombres vulgares es la que el legislador atribuye a las decisiones de los inmortales, a cuya autoridad divina recurre

para atraer a quienes la prudencia humana* no podría
conmover. Pero no corresponde a cualquiera hacer hablar
a los dioses, ni cualquiera puede ser creído cuando se pre-
senta como su intérprete. El gran espíritu del legislador
es el gran milagro que debe probar su misión. Cualquier
hombre puede grabar tablas de piedra o comprar un
oráculo o simular una relación secreta con alguna divinidad o amaestrar un pájaro para hablarle al oído o encontrar otros medios burdos para infundir respeto al
pueblo. El que sólo tenga estos conocimientos podrá
incluso reunir por azar un grupo de insensatos pero nunca fundará un imperio y su extravagante obra perecerá
pronto con él. El prestigio vano crea un vínculo pasaje-
ro; sólo la sabiduría puede convertirlo en duradero. La
ley judaica que aún subsiste, la del hijo de Ismael que
desde hace diez siglos rige medio mundo, dan testimo-
nio aún hoy de los grandes hombres que las han elabo-
rado; y mientras que la orgullosa filosofía o el ciego espíritu de partido no ven en ellos más que a afortunados
impostores, el auténtico político admira en sus instituciones ese talento grande y poderoso que preside las instituciones duraderas.

No hay que deducir de todo esto, como lo hace Warburton, que la política y la religión tienen entre nosotros
un objetivo común, sino que en el origen de las naciones
la una sirve de instrumento a la otra.

---

* «E veramente», dice Maquiavelo, «mai non fù alcuno ordinatore di legg
straordinarie in un popolo, che non ricorresse a Dio, perche altrimenti
non sarebbero accettate; perche sono molti beni conosciuti da uno prudente, i quali non hanno in se raggioni evidenti da potergli persuadere ad
altrui.» Discorsi sopra Tito Livio. L. I. c. XI.

CAPÍTULO 8
Sobre el pueblo

Al igual que un arquitecto, antes de levantar un edificio, observa y sondea el terreno para ver si puede aguantar el peso, de la misma manera el sabio legislador no comienza por redactar leyes buenas en sí mismas, sino que antes verifica si el pueblo para el que están destinadas es apto para recibirlas. Ésta es la razón por la que Platón rehusó dar leyes a los arcadios y a los cirenienses, pues sabía que esos dos pueblos eran ricos y no podían tolerar la igualdad; por ese motivo en Creta hubo buenas leyes y hombres malos, porque Minos no había hecho más que disciplinar a un pueblo lleno de vicios.

Mil naciones han destacado en la tierra que jamás hubieran podido tener buenas leyes, y las que las hubiesen podido soportar sólo habría sido por poco tiempo. Los pueblos, como los hombres, sólo son dóciles en su juventud: se hacen incorregibles al envejecer; cuando las costumbres están bien fijadas y los prejuicios arraigados, es una tarea vana y peligrosa querer reformarlos: el pueblo no puede tolerar que se toque a sus males para destruirlos, lo mismo que esos enfermos estúpidos y sin valor que tiemblan a la vista del médico.

No es que, como algunas enfermedades que trastornan la cabeza de los hombres y les borran el recuerdo del pasado, no se encuentren algunas veces, en la vida de los Estados, épocas violentas en que las revoluciones actúan sobre los pueblos como ciertas crisis sobre los individuos, en que el horror al pasado sirve de olvido, y en que el Estado, a su vez, debido a las guerras civiles, renace, por decirlo así, de sus cenizas y vuelve a adquirir el vigor de la juventud saliendo de los brazos de la muerte. Así ocurrió en Esparta en tiempos de Licurgo, en Roma después de los Tarquinos, y, entre nosotros, en Holanda y Suiza a raíz de la expulsión de los tiranos.

Pero estos acontecimientos son raros, son excepciones cuya razón de ser se encuentra siempre en la constitución particular del Estado motivo de excepción. No podrían producirse ni siquiera dos veces en el mismo pueblo, pues un pueblo puede ser libre mientras sólo sea bárbaro, pero deja de serlo en cuanto la energía civil se gasta. A partir de ese momento los desórdenes pueden destruirle sin que las revoluciones puedan mejorarle, y en cuanto se rompen sus cadenas, se confunde y deja de existir; entonces necesita un amo y no un libertador. Pueblos libres, acordaos de esta máxima: se puede adquirir la libertad pero jamás se la recobra.

Las naciones tienen como los hombres una época de madurez a la que hay que esperar antes de someterlos a las leyes; pero la madurez de un pueblo no siempre es fácil de reconocer y, si uno se anticipa, la obra fracasa. Un pueblo puede ser disciplinado desde que nace; otro sólo lo es al cabo de diez siglos. Los rusos nunca serán civilizados porque lo fueron demasiado pronto. Pedro tenía el talento de imitar, pero no tenía el talento auténtico, el que crea y realiza todo de la nada. Algunas de las cosas que hizo estaban bien pero la mayoría estaba fuera de lugar. Se dio cuenta de que su pueblo era bárbaro, pero no fue consciente de que no estaba maduro para la civilización; quiso civilizarlo cuando sólo hacía falta hacerle aguerrido;

quiso primero hacer alemanes o ingleses cuando había que empezar por hacer rusos; impidió a sus súbditos convertirse en lo que podían ser, convenciéndoles de que eran lo que no son. Así es como un preceptor francés educa a su alumno para destacar un momento en su infancia y para no ser nada después. El Imperio ruso querrá subyugar a Europa y él mismo será subyugado. Los tártaros, sus súbditos, o sus vecinos se convertirán en sus amos y en los nuestros. Esta revolución me parece infalible. Todos los reyes de Europa trabajan conjuntamente para acelerarla.

CAPÍTULO 9
Continuación

Del mismo modo que la naturaleza ha establecido límites a la estatura de un hombre bien conformado que, si se sobrepasan, dan lugar a gigantes o enanos, en relación con la mejor constitución de un Estado, existen también límites en cuanto a la extensión que puede alcanzar para que no sea demasiado grande para ser bien gobernado, ni demasiado pequeño para poder mantenerse por sí mismo. En todo cuerpo político hay un *máximum* de fuerzas que no se puede sobrepasar y del que con frecuencia se aleja a medida que se amplía. Cuanto más se extiende el vínculo social, más se afloja y, en general, un Estado pequeño es proporcionalmente más fuerte que uno grande.

Mil razones prueban esta máxima. Primero, la administración se hace más pesada con las grandes distancias, al igual que un peso se vuelve más pesado colocado en el extremo de una palanca más grande. Se vuelve también más cara a medida que los grados se multiplican; porque cada ciudad tiene primero la suya que el pueblo paga; cada distrito la suya, también pagada por el pueblo; después cada provincia; luego los grandes gobiernos, las satrapías, los virreinatos que cuestan cada vez más a medida que se sube, y siempre a expensas del desgraciado pueblo; por fin viene la administración suprema que aplasta todo. Tantos recargos agotan continuamente a los súbditos, quienes, en vez de estar mejor gobernados por todos estos diferentes órdenes, lo están mucho menos que si sólo hubiese uno solo por encima de ellos. Sin embargo, apenas quedan recursos para los casos extraordinarios y, cuando hay que recurrir a ellos, el Estado se halla siempre al borde de la ruina.

Pero eso no es todo; no solamente el gobierno tiene menos vigor y celeridad para hacer observar las leyes, impedir vejaciones, corregir abusos, prevenir acciones sediciosas que pueden realizarse en lugares apartados, sino que el pueblo siente menos afecto hacia sus jefes, a quienes no ve nunca; hacia la patria, que a sus ojos es como el mundo, y hacia sus conciudadanos, la mayoría de los cuales le resultan extraños. Las mismas leyes no pueden servir para tantas provincias diversas que tienen costumbres diferentes, que viven bajo climas opuestos y que no pueden soportar la misma forma de gobierno. Las leyes diferentes no engendran más que desorden y confusión entre los pueblos que viven bajo los mismos jefes y en una comunicación continua, que se relacionan y contraen matrimonio entre ellos y que, sometidos a otras costumbres, no saben nunca si su patrimonio es suyo. Los talentos quedan enterrados, las virtudes ignoradas y los vicios impunes en medio de esta multitud de hombres desconocidos unos de otros, que la sede de la administración suprema reúne en un mismo lugar. Los jefes, agobiados por los problemas, no pueden ocuparse de nada por sí mismos, son sus delegados los que gobiernan el Estado. Por último, las medidas que hay que tomar para mantener la autoridad general, a la que tantos empleados subalternos quieren sustraerse o imponer, absorben toda la atención pública; no queda nada para la felicidad del pueblo, apenas queda algo para su defensa en caso de necesidad, y así es como un cuerpo demasiado grande para su constitución se hunde y perece aplastado bajo su propio peso.

Por otra parte, el Estado debe darse una cierta base para tener solidez, para resistir las sacudidas que sin duda tendrá que experimentar, así como los esfuerzos que se verá obligado a realizar para mantenerse: pues todos los pueblos tienen una especie de fuerza centrífuga mediante la cual tienden a expandirse a costa de sus vecinos, como los torbellinos de Descartes. De forma que los débiles están expuestos a ser devorados enseguida, y ninguno puede subsistir si no es colocándose en una especie de equilibrio con los demás, que haga que la compresión sea aproximadamente igual en todas partes.

De ello se deduce que hay motivos para extenderse y motivos para reducirse y uno de los mayores talentos del político consiste en encontrar la proporción más adecuada, entre unos motivos y otros, para la configuración del Estado. Se puede decir, en general, que las razones para extenderse, al ser sólo exteriores y relativas, deben estar subordinadas a las otras, que son internas y absolutas;

hay que tender primeramente hacia una sana y fuerte constitución y se debe contar más con el vigor que nace de un buen gobierno que con los recursos que proporciona un gran territorio.

Por lo demás, se han visto Estados establecidos de tal modo que la necesidad de conquistas formaba parte de su misma constitución, y que, para subsistir, se veían obligados a extenderse sin cesar. Tal vez se felicitasen por esta feliz necesidad que, sin embargo, les marcaba a la vez que el límite de su grandeza, el inevitable momento de su caída.

CAPÍTULO 10
Continuación

Se puede medir un cuerpo político de dos maneras, a saber, por la extensión del territorio o por el número de habitantes, y entre ambas medidas existe una relación adecuada para dotar al Estado de verdadera grandeza: son los hombres los que hacen el Estado y es el territorio el que alimenta a los hombres; esta relación hace necesario, pues, que la tierra baste a la manutención de sus habitantes y que haya tantos como la tierra pueda alimentar. Es en esta proporción en la que se encuentra el *máximum* de fuerza que puede tener un pueblo; pues si tiene demasiado terreno, su conservación es costosa, se cultivará poco y el producto resultará superfluo; ésa es la causa inmediata de las guerras defensivas; si no tiene bastante territorio, el Estado se encuentra en manos de sus vecinos para obtener el suplemento que le falta; ésa es la causa inmediata de las guerras ofensivas. Todos los pueblos que, por su posición, no tienen más alternativa que el comercio o la guerra son débiles en sí mismos; dependen de sus vecinos, dependen de los acontecimientos; no tienen nunca más que una existencia incierta y breve. Someten y cambian de situación, o son sometidos y no son nada. No pueden conservarse libres si no es a fuerza de pequeñez o de extensión.

No es posible calcular la relación fija que tiene que haber entre la extensión de tierra y el número de hombres para que la tierra baste a los hombres, debido a las diferencias del terreno en cuanto a su fertilidad, la naturaleza de su producción, la influencia del clima, así como debido a los diferentes temperamentos de los hombres que los habitan, pues unos consumen poco en un país fértil y otros mucho en un suelo ingrato. Hay que tener también en cuenta la mayor o menor fecundidad de las mujeres, que el terreno sea o no favorable para la población, la cantidad que el legislador puede esperar obtener mediante sus cálculos, de forma que no debe basar sus criterios sobre lo que ve sino sobre lo que prevé, ni detenerse tanto en la situación actual de la población como en la que se debe naturalmente alcanzar. Finalmente, hay mil ocasiones en que los accidentes particulares del lugar exigen o permiten que se abarque más terreno del que parece necesario. De forma que habrá que extenderse mucho en un país montañoso, donde la producción natural, a saber los bosques y los pastos, exige menos trabajo, donde según nos dice la experiencia las mujeres son más fértiles que en las llanuras, y donde la mayoría del suelo debido a su inclinación sólo ofrece una pequeña base horizontal, la única que permite crecer la vegetación. Por el contrario, es posible tener menos terreno al borde del mar, incluso entre rocas y arenas casi estériles, porque la pesca puede suplir en gran parte las producciones de la tierra, porque los hombres tienen que estar más juntos para rechazar a los piratas, y porque es más fácil liberar al país de los habitantes que le sobren mediante el establecimiento de colonias.

A la hora de instituir un pueblo hay que añadir a estas condiciones otra que no puede sustituir a ninguna y sin la cual todas son inútiles; es que se disfrute de abundancia y de paz; porque el momento en el que se constituye un Estado es, como cuando se forma un batallón, el instante en el que el cuerpo es menos capaz de ofrecer resistencia y más fácil de destruir. Se resistirá mejor en un desorden absoluto que en un momento de fermentación en el que cada uno se ocupa de su rango y no del peligro. Si en esa época se produce una guerra, una hambruna, una sedición, el Estado será derrocado de manera infalible.

No es que no se establezcan muchos gobiernos durante estas tempestades; pero, en ese caso, son esos mismos gobiernos los que destruyen al Estado. Los usurpadores producen o eligen siempre esos tiempos de desórdenes para pasar, gracias al miedo del público, leyes destructoras que el pueblo no adoptaría jamás a sangre fría. La elección del momento de la institución es uno de los rasgos más seguros para distinguir la obra del legislador de la del tirano.

¿Qué pueblo es, pues, apto para la legislación? Aquel que, estando ya vinculado por su origen, por el interés o por algún acuerdo, no haya llevado aún el verdadero yugo de las leyes; el que no tenga costumbres ni supersticiones muy arraigadas; aquél que no tema ser aniquilado por una invasión súbita; el que, sin mezclarse en los conflictos de sus vecinos, pueda oponerse él solo a cada uno de ellos, o servirse de uno para rechazar al otro; aquél en el que cada miembro pueda ser conocido por todos, y aquél que no está obligado a cargar a un hombre con un peso mayor del que es capaz de soportar; el que pueda arreglárselas sin otros pueblos y del que éstos puedan, a su vez, prescindir*. El que no sea rico ni pobre y pueda bastarse a sí mismo; en fin, el que reúna la consistencia de un pueblo antiguo con la docilidad de un pueblo nuevo. Lo que hace ardua la obra de legislación no es tanto lo que hay que crear como lo que es necesario destruir, y lo que hace que el éxito sea tan raro es la imposibilidad de compaginar la sencillez de la naturaleza con las necesidades de la sociedad. Es cierto que todas estas condiciones se encuentran difícilmente reunidas y por ello se ven pocos Estados bien constituidos.

Hay aún en Europa un país apto para la legislación: es la isla de Córcega. El valor y la constancia con los que este valiente pueblo ha sabido recobrar y defender su libertad merecerían que algún hombre sabio le enseñase a con-

---

*Es cierto que si de dos pueblos vecinos uno no pudiese prescindir del otro, sería una situación muy dura para el primero y muy peligrosa para el segundo. Toda nación prudente se esforzará, ante un caso semejante, por liberar rápidamente a la otra nación de esa dependencia. La república de Tlascala, enclavada en el imperio de México, prefirió prescindir de la sal antes que comprársela a los mexicanos, e incluso que aceptarla gratuitamente. Los prudentes tlascaltecas adivinaron la trampa que se escondía bajo esa liberalidad. Se mantuvieron libres, y ese pequeño Estado, encerrado en ese gran imperio, fue finalmente el instrumento de su ruina.

servarla. Tengo el presentimiento de que algún día esta pequeña isla asombrará a Europa.

CAPÍTULO II
Sobre los diversos sistemas de legislación

Si se investiga en qué consiste el mayor bien de todos, que debe ser la finalidad de cualquier sistema de legislación, se verá que se reduce a estos dos objetos principales: la *libertad* y la *igualdad*. La libertad, porque toda dependencia particular es fuerza restada al cuerpo del Estado; la igualdad, porque la libertad no puede subsistir sin ella.

Ya he dicho lo que es la libertad civil; respecto a la igualdad, no hay que entender por esta palabra que el nivel de poder y de riqueza sea absolutamente el mismo, sino que, en lo que se refiere al poder, excluya toda violencia y no se ejerza nunca sino en virtud del rango y de las leyes, y en cuanto a la riqueza, que ningún ciudadano sea lo suficientemente opulento como para comprar a otro, ni ninguno tan pobre como para verse obligado a venderse; lo que supone, por parte de los grandes, moderación en los bienes y en el crédito y, por parte de los pequeños, moderación en la avaricia y en la codicia*.

---

* ¿Queréis dar al Estado consistencia? Aproximad los extremos tanto como sea posible: no permitid ni gentes opulentas ni mendigos. Estos dos estados, inseparables por naturaleza, son igualmente funestos para el bien común; del uno salen los promotores de la tiranía y del otro los tiranos; entre ambos se realiza siempre el comercio de la libertad pública; el uno la compra y el otro la vende.

Esta igualdad, dicen, es una quimera especulativa que no puede existir en la práctica: pero si el abuso es inevitable, ¿implica que no sea necesario al menos regularlo? Es precisamente porque la fuerza de las cosas tiende siempre a destruir la igualdad, por lo que la fuerza de la legislación debe siempre tender a mantenerla. Pero estos aspectos generales de toda buena constitución deben ser modificados en cada país en función de las relaciones que nacen tanto de la situación local como del carácter de los habitantes; y es, basándonos en dichas relaciones, como debemos asignar a cada pueblo un tipo de institución particular que sea la mejor, no en sí misma, sino para el Estado al que está destinada. Por ejemplo, ¿es el suelo ingrato y estéril o el país demasiado pequeño para sus habitantes? Inclinaos hacia la industria y las artes, cuyas producciones cambiaréis por los géneros que os falten. Por el contrario, ¿ocupáis ricas llanuras y costas fértiles? En un buen terreno, ¿carecéis de habitantes? Dedicad toda vuestra atención a la agricultura, que multiplica a los hombres, y desterrad las artes, que sólo conseguirían acabar de despoblar el país, agrupando en algún punto del territorio los pocos habitantes que tiene*. ¿Ocupáis costas extensas y manejables? Cubrid el mar de barcos, cultivad el comercio y la navegación; tendréis una existencia brillante y corta. ¿No baña el mar en vuestras costas sino rocas casi inaccesibles? Permaneced bárbaros e ictiófagos; viviréis más tranquilos, mejor quizá, y seguramente más felices. En una palabra,

* Algunas ramas del comercio exterior, dice el M. d'A., no proporcionan más que una falsa utilidad para el reino en general; pueden enriquecer a algunos particulares, incluso a algunas ciudades, pero la nación en su conjunto no gana nada, y el pueblo no mejora su situación.

además de las máximas comunes a todos, cada pueblo tiene alguna razón para organizarse de una manera particular y para que su legislación sea apta para él solo. Así es como en otro tiempo los hebreos, y recientemente los árabes, han tenido como principal objeto la religión; los atenienses, las letras; Cartago y Tiro, el comercio; Rodas, la marina; Esparta, la guerra, y Roma, la virtud. El autor de *El espíritu de las leyes* ha demostrado, con multitud de ejemplos, de qué arte se vale el legislador para dirigir la institución hacia cada uno de estos objetos.

Lo que hace que la constitución de un Estado sea verdaderamente sólida y duradera es que las conveniencias sean tan respetadas que las relaciones naturales y las leyes coincidan en los mismos puntos, de forma que éstas no hagan, por decirlo así, sino asegurar, acompañar, rectificar a las otras. Pero si el legislador se equivoca en su objeto y toma un principio diferente del que nace de la naturaleza de las cosas, si uno busca la servidumbre y el otro la libertad, uno la riqueza y el otro la población, uno la paz y el otro las conquistas, las leyes se debilitarán insensiblemente, la constitución se alterará y el Estado sufrirá agitaciones permanentes hasta que sea destruido o cambiado, y hasta que la invencible naturaleza recobre su imperio.

CAPÍTULO 12
División de las leyes

Para ordenar el todo o para dar la mejor forma posible a la cosa pública hay que tomar en consideración diversas relaciones. En primer lugar, la acción del cuerpo entero actuando sobre sí mismo, es decir, la relación del todo con el todo o del soberano con el Estado, y esta relación está compuesta de términos intermedios, como veremos a continuación.

Las leyes que regulan esta relación llevan el nombre de leyes políticas, y se llaman también leyes fundamentales no sin razón si estas leyes son buenas. Porque si en cada Estado no hay más que un buen ordenamiento, el pueblo que lo haya encontrado debe atenerse a él; pero si el orden establecido es malo, ¿por qué se han de considerar fundamentales leyes que le impiden ser bueno? Por otra parte, un pueblo es siempre y en todo momento dueño de cambiar sus leyes, hasta las mejores, porque si le gusta hacerse el mal a sí mismo, ¿quién tiene derecho a impedirlo?

La segunda relación es la de los miembros entre sí o con el cuerpo en su totalidad, y esta relación debe ser, en el primer caso, la menor posible, y en el segundo, la mayor posible, de modo que cada ciudadano se halle en una independencia total en relación a todos los demás, y en una estrecha dependencia con respecto al Estado; lo que se consigue siempre gracias a los mismos medios; porque sólo la fuerza del Estado garantiza la libertad de sus miembros. De esta segunda relación nacen las leyes civiles.

Se puede considerar una tercera clase de relación entre el hombre y la ley, a saber, la de la desobediencia con respecto a la pena, y ésta da lugar al establecimiento de las leyes criminales que en el fondo, más que un tipo particular de leyes, son la sanción de todas las demás.

A estas tres clases de leyes se añade una cuarta, que es la más importante de todas, y que no se graba ni sobre mármol ni sobre bronce, sino en el corazón de los ciudadanos: ella es la verdadera constitución del Estado, que cada día cobra nuevas fuerzas y que, cuando otras leyes envejecen o se extinguen, las revivifica o las suple, que conserva en el pueblo el espíritu de su institución y sustituye de manera insensible la fuerza de la autoridad por la de la costumbre. Me refiero a los usos, a los hábitos y, sobre todo, a la opinión, desconocida para nuestros políticos pero de la que depende el éxito de todas las demás, y de la que se ocupa en secreto el gran legislador, mientras parece limitarse a reglamentos particulares, que no son sino la cintra de la bóveda, de la que las costumbres, más lentas en nacer, forman la inquebrantable piedra angular.

Entre estas diversas clases de leyes, las leyes políticas, que constituyen la forma del gobierno, son las únicas relacionadas con mi tema.

Libro III

Antes de hablar de las diversas formas de gobierno, tratemos de definir el significado preciso de esta palabra, que aún no ha sido muy bien explicada.

CAPÍTULO I
Sobre el gobierno en general

Advierto al lector de que debe leer este capítulo sosegadamente y que no conozco el arte de ser claro para quien no quiere prestar atención.

Toda acción libre tiene dos causas que la producen: una moral, a saber, la voluntad que determina el acto; la otra física, a saber, el poder que la ejecuta. Cuando me dirijo hacia un objeto es necesario, en primer lugar, que quiera ir; en segundo lugar, que mis piernas me lleven. Si un paralítico quiere correr o un hombre ágil no quiere, ambos se quedarán en el sitio. El cuerpo político tiene los mismos móviles; se diferencian también en él la fuerza y la voluntad. Ésta, con el nombre de *poder legislativo;* aquélla con el de *poder ejecutivo.* No se hace nada o no debe hacerse sin la colaboración de ambas.

Hemos visto que el poder legislativo pertenece al pueblo y sólo puede pertenecer a él. Es fácil advertir, por el contrario, mediante los principios anteriormente establecidos que el poder ejecutivo no puede pertenecer a la colectividad, en tanto que legisladora o soberana, porque este poder no consiste sino en actos particulares que no incumben a la ley ni, por consiguiente, al soberano, cuyos actos sólo pueden ser leyes.

Necesita, pues, la fuerza pública un agente propio que la reúna y la ponga en acción según las directrices de la voluntad general, que sirva para la comunicación entre el Estado y el soberano, y que produzca en cierto sentido en la persona pública lo que la unión del alma con el cuerpo realiza en el hombre. Ésta es, en el Estado, la razón de ser del gobierno, que, equivocadamente, se confunde con el soberano, del cual no es sino el ministro.

¿Qué es, pues, el gobierno? Un cuerpo intermedio establecido entre los súbditos y el soberano para su mutua correspondencia, encargado de la ejecución de las leyes y del mantenimiento de la libertad, tanto civil como política.

Los miembros de este cuerpo se llaman magistrados o *reyes,* es decir *gobernantes,* y el cuerpo entero recibe el nombre de *príncipe**. De ahí que tengan mucha razón los que consideran que el acto por el cual un pueblo se somete a unos jefes no es un contrato. No es nada más que una comisión, una función que cumplen como simples oficiales del soberano, ejerciendo en su nombre el poder del que se les ha hecho depositarios y que éste puede limitar, modificar y retomar cuando le plazca; la enajenación de

---

* Así en Venecia se da el nombre de *príncipe serenísimo* al cuerpo colegiado, aun cuando no asista a él el Dogo.

tal derecho, siendo incompatible con la naturaleza del cuerpo social, es contraria al fin de la asociación.

Llamo, pues, *gobierno* o administración suprema al ejercicio legítimo del poder ejecutivo, y príncipe o magistrado al hombre o cuerpo encargado de esta administración.

Es en el gobierno donde se encuentran las fuerzas intermedias, que relacionan el todo con el todo o el soberano con el Estado. Se puede representar esta última relación comparándola con la de los extremos de una proporción continua, cuya media proporcional es el gobierno. El gobierno recibe del soberano las órdenes que él da al pueblo; y para que el Estado tenga un buen equilibrio es necesario que, una vez que todo esté compensado, haya igualdad entre el producto o el poder del gobierno, tomado en sí mismo, y el producto o el poder de los ciudadanos, que son soberanos, por una parte, y súbditos, por otra.

Además, no se podría alterar ninguno de los tres términos sin romper en el mismo instante la proporción. Si el soberano quiere gobernar o el magistrado quiere dictar leyes o si los súbditos se niegan a obedecer, el desorden sustituye a la norma, la fuerza y la voluntad dejan de obrar de común acuerdo y el Estado se disuelve, cayendo en el despotismo o en la anarquía. En una palabra, del mismo modo que sólo hay una media proporcional entre cada relación, tampoco hay más que un buen gobierno posible en cada Estado: pero, como mil acontecimientos pueden alterar las relaciones de un pueblo, no solamente puede haber diferentes gobiernos que sean convenientes para pueblos diversos, sino para el mismo pueblo en épocas diferentes.

Para tratar de dar una idea de las múltiples relaciones que pueden existir entre estos dos extremos, tomaré, a modo de ejemplo, el número de habitantes de un pueblo como una relación más fácil de expresar.

Supongamos que el Estado se compone de diez mil ciudadanos. El soberano no puede ser considerado más que colectivamente y como cuerpo: pero cada particular, en cuanto súbdito, es considerado como individuo: de forma que el Soberano es al súbdito como diez mil es a uno: es decir, que cada miembro del Estado no tiene, por su parte, más que la diezmilésima parte de la autoridad soberana, aunque esté sometido a ella por completo. Si el pueblo está constituido por cien mil hombres, la situación de los súbditos no cambia y cada uno de ellos es portador de igual forma de todo el imperio de las leyes, mientras que su sufragio, reducido a una cienmilésima parte, tiene diez veces menos influencia en la redacción de las leyes. En consecuencia, permaneciendo el súbdito siempre uno, la relación del soberano aumenta en razón del número de ciudadanos; de donde resulta que cuanto más crece el Estado, más disminuye la libertad.

Al decir que la relación aumenta, entiendo que se aleja de la igualdad. Así, cuanto mayor es la relación en la acepción de los geómetras, menos relación existe en la acepción común; en la primera, la relación, considerada desde el punto de vista de la cantidad, se mide por el exponente, y en la segunda, considerada según la identidad, se estima por la semejanza.

Ahora bien, cuanto menos relación tengan las voluntades particulares con la voluntad general, es decir, las costumbres con las leyes, más debe aumentar la fuerza coactiva. Por tanto, el gobierno, para ser bueno, debe ser relativamente más fuerte a medida que el pueblo es más numeroso.

Por otro lado, puesto que el engrandecimiento del Estado otorga a los depositarios de la autoridad pública más tentaciones y medios para abusar de su poder, el gobierno debe tener más fuerza para contener al pueblo y, a su vez, el soberano debe asimismo aumentar su fuerza para contener al gobierno. No hablo aquí de una fuerza absoluta, sino de la fuerza relativa de las diversas partes del Estado.

Se deduce de esta doble relación que la proporción continua entre el soberano, el príncipe y el pueblo no es una idea arbitraria, sino una consecuencia necesaria de la naturaleza del cuerpo político. Resulta también que, siendo uno de los extremos permanente y estando representado por la unidad, a saber el pueblo en tanto que súbdito, siempre que la razón duplicada aumenta o disminuye, la razón simple aumenta o disminuye de la misma manera y, en consecuencia, el término medio cambia. Lo que demuestra que no hay una constitución de gobierno única y absoluta, sino que puede haber tantos gobiernos diferentes por su naturaleza como Estados distintos en extensión.

Si, para ridiculizar este sistema, se dijera que para encontrar esta media proporcional y formar el cuerpo del gobierno, sólo es preciso, en mi opinión, sacar la raíz cuadrada del número de hombres, contestaría que sólo utilizo aquí dicho número como ejemplo, y que las relaciones de las que hablo no se miden únicamente por el número de hombres, sino, en general, por la cantidad de acción que se combina por multitud de causas; por lo demás, aunque utilice por algún tiempo términos de geometría para expresarme con menos palabras, esto no significa que ignore que la precisión geométrica no tiene cabida en las cantidades morales.

El gobierno es en pequeño lo que el cuerpo político que le contiene es en grande. Es una persona moral dotada de ciertas facultades, activa como el soberano, pasiva como el Estado y que se puede disgregar en otras relaciones semejantes; de las que surge, por consiguiente, una nueva proporción, y de ésta otra según el orden de los tribunales, hasta que se llega a un término medio indivisible; es decir, a un solo jefe o magistrado supremo, que nos podemos imaginar en medio de esta progresión como la unidad entre la serie de las fracciones y la de los números.

Sin embarullarnos con esta multiplicación de términos, contentémonos con considerar al gobierno como un nuevo cuerpo dentro del Estado, distinto del pueblo y del soberano e intermedio entre uno y otro.

Hay una diferencia esencial entre estos dos cuerpos y es que el Estado existe por sí mismo, mientras que el gobierno sólo existe por el soberano. Así, la voluntad dominante del príncipe no es o no debe ser más que la voluntad general, es decir, la ley; su fuerza no es más que la fuerza pública concentrada en él; en el momento en que pretenda realizar por sí mismo algún acto absoluto e independiente, la unión del todo comienza a relajarse. Si llegase a ocurrir, por último, que el príncipe tuviese una voluntad particular más activa que la del soberano, y que utilizase a la fuerza pública que está en sus manos para obedecer a esta voluntad particular, de tal modo que hubiese, por decirlo así, dos soberanos, uno de derecho y otro de hecho, en ese instante mismo la unión social se desvanecería y el cuerpo político quedaría disuelto.

Sin embargo, para que el cuerpo del gobierno tenga una existencia, una vida real, que lo distinga del cuerpo del Estado, para que todos sus miembros puedan actuar de manera concertada y responder a la finalidad para la que fueron constituidos, necesita un *yo* particular, una sensibilidad común a sus miembros, una fuerza, una voluntad propia, que tienda a su conservación. Esta existencia particular presupone asambleas, consejos, un poder de deliberar, de resolver, derechos, títulos, privilegios, que corresponden al príncipe exclusivamente y que convierten la condición del magistrado en más honrosa a medida que se vuelve más penosa. Las dificultades radican en la manera de ordenar dentro del todo este todo subalterno, de modo que no altere la constitución general al afirmar la suya; que distinga siempre su fuerza particular, destinada a su propia conservación, de la fuerza pública, destinada a la conservación del Estado, y que, en una palabra, esté siempre dispuesto a sacrificar el gobierno al pueblo y no el pueblo al gobierno.

Además, aunque el cuerpo artificial del gobierno sea obra de otro cuerpo artificial y aunque no tenga en cierto modo más que una vida prestada y subordinada, esto no impide que pueda actuar con más o menos vigor o celeridad, y gozar, por decirlo así, de una salud más o menos vigorosa. Por último, sin alejarse directamente de la finalidad de su institución, puede apartarse más o menos, según el modo en que esté constituido.

De todas estas diferencias nacen las distintas relaciones que el gobierno debe mantener con el cuerpo del Estado, conforme a las relaciones accidentales y particulares mediante las cuales este mismo Estado se modifica. Porque, con frecuencia, el gobierno mejor en sí mismo se convierte en el más vicioso si sus relaciones no se alteran en consonancia con los defectos del cuerpo político al que pertenece.

CAPÍTULO 2
Sobre el principio que constituye las diversas formas de gobierno

Para explicar cuál es la causa general de estas diferencias, es preciso diferenciar aquí el príncipe y el gobierno, como he distinguido antes el Estado y el soberano.

El cuerpo del magistrado puede estar compuesto de un número mayor o menor de miembros. Hemos dicho que la relación del soberano con los súbditos era tanto mayor cuanto más numeroso era el pueblo y, por una analogía obvia, podemos decir otro tanto del gobierno en lo que se refiere a los magistrados.

Ahora bien, la fuerza total del gobierno, siendo siempre la del Estado, no cambia: de donde se deduce que, cuanto más utiliza esta fuerza sobre sus propios miembros, menos fuerza le queda para actuar sobre todo el pueblo.

En consecuencia, cuanto más numerosos son los magistrados, más débil es el gobierno. Como esta máxima es fundamental, esforcémonos por explicarla mejor.

Podemos distinguir en la persona del magistrado tres voluntades en esencia diferentes. En primer lugar, la voluntad propia del individuo, que sólo busca su beneficio particular; en segundo lugar, la voluntad común de los magistrados, que busca únicamente el beneficio del príncipe y que se puede llamar voluntad de cuerpo; esta voluntad es general con relación al gobierno y particular con relación al Estado del que forma parte el gobierno; en tercer lugar, la voluntad del pueblo o voluntad soberana, que es general, tanto con relación al Estado considerado como el todo, como con relación al gobierno considerado como parte del todo.

En una legislación perfecta, la voluntad particular o individual debe ser nula; la voluntad del cuerpo propia del gobierno, muy subordinada, y, por consiguiente, la voluntad general o soberana debe ser siempre la dominante y la única regla de todas las demás.

Según el orden natural, por el contrario, estas diferentes voluntades se vuelven más activas a medida que se concentran. Así, la voluntad general es siempre la más débil; la voluntad de cuerpo ocupa el segundo lugar y la voluntad particular, el primero de todos: de modo que en el gobierno cada miembro es primeramente él mismo, luego magistrado y después ciudadano. Graduación ésta directamente opuesta a la que exige el orden social.

Dicho esto, si todo gobierno está en manos de un solo hombre, la voluntad particular y la voluntad de cuerpo estarán perfectamente unidas y, en consecuencia, ésta tendrá el más alto grado de intensidad que pueda alcanzar. Ahora bien, como el uso de la fuerza depende del grado de la voluntad, y como la fuerza absoluta del gobierno nunca varía, resulta que el más activo de los gobiernos es el de uno solo.

Por el contrario, unamos el gobierno a la autoridad legislativa; hagamos príncipe al soberano, y convirtamos a todos los ciudadanos en otros tantos magistrados: entonces, la voluntad de cuerpo, confundida con la voluntad general, no tendrá más actividad que ésta y dejará a la voluntad particular toda su fuerza. De esta forma el gobierno, siempre con la misma fuerza absoluta, se hallará en el *mínimo* de fuerza relativa o de actividad.

Estas relaciones son evidentes y pueden ser ratificadas por otras consideraciones. Se observa, por ejemplo, que cada magistrado es más activo en su cuerpo que lo que es cada ciudadano en el suyo y que, por consiguiente, la voluntad particular tiene mucha más influencia en los actos del gobierno que en los del soberano; porque cada magistrado suele estar casi siempre ocupado en alguna función de gobierno mientras que cada ciudadano aislado no realiza ninguna función de soberanía. Además, cuanto más se extiende el Estado, más aumenta su fuerza real, aunque no aumente en razón de su extensión: pero, siendo igual el Estado, es inútil que los magistrados se multipliquen, pues el Gobierno no adquiere por ello más fuerza real, puesto que esa fuerza es la del Estado, cuya medida es siempre igual. Así, la fuerza relativa o la actividad del gobierno disminuye sin que su fuerza absoluta o real pueda aumentar.

Es seguro también que la resolución de los asuntos se vuelve más lenta a medida que se encarga de ellos mayor número de personas, y que, haciendo demasiadas concesiones a la prudencia, se hacen pocas a la suerte, de manera que se deja escapar la ocasión y que, a fuerza de deliberar, se pierde con frecuencia el fruto de la deliberación.

Acabo de demostrar que el gobierno se debilita a medida que los magistrados se multiplican, y he demostrado antes que cuanto más numeroso es el pueblo, más debe aumentar la fuerza coactiva. De ello resulta que la relación de los magistrados con el gobierno debe ser inversa a la relación de los súbditos con el soberano: es decir que cuanto más aumenta el Estado, más debe reducirse el gobierno; de tal modo que el número de los jefes disminuya en proporción al aumento del pueblo.

Por lo demás, no hablo aquí más que de la fuerza relativa del gobierno, y no de su rectitud: porque, por el contrario, cuanto más numerosos son los magistrados, más se aproxima la voluntad de cuerpo a la voluntad general; mientras que, bajo un magistrado único, esta misma voluntad de cuerpo no es, como he dicho, sino una voluntad particular. Así se pierde por un lado lo que se puede ganar por otro, y el arte del legislador consiste en saber establecer el punto en el que la fuerza y la voluntad del gobierno, siempre en proporción recíproca, se combinan en la relación más ventajosa para el Estado.

CAPÍTULO 3
División de los gobiernos

Hemos visto en el capítulo precedente por qué diferenciamos los distintos tipos o formas de gobierno en función del número de miembros que los forman; falta por ver en éste cómo se lleva a cabo esta división.

El soberano puede, en primer lugar, confiar el gobierno a todo el pueblo o a la mayor parte de él, de manera

que haya más ciudadanos magistrados que simples ciudadanos particulares. A esta forma de gobierno se le da el
nombre de *democracia*.

O bien puede concentrar el gobierno en manos de un
pequeño número, de manera que sean más numerosos
los ciudadanos que los magistrados y esta forma lleva el
nombre de *aristocracia*.

Por último, puede concentrar todo el gobierno en manos de un magistrado único del que reciben su poder todos los demás. Esta tercera forma es la más común y se
llama *monarquía* o gobierno real.

Hay que señalar que todas estas formas, o al menos las
dos primeras, son bastante laxas; pues la democracia puede abarcar a todo el pueblo o limitarse a la mitad. La aristocracia, a su vez, puede incluir a la mitad del pueblo o
concentrarse en un número mucho más pequeño. La realeza misma es susceptible de división. Esparta tuvo constantemente dos reyes debido a su constitución y en el
Imperio romano hubo hasta ocho emperadores a la vez,
sin que se pudiera decir que el Imperio estuviese dividido.

De forma que existe un punto en que cada forma de
gobierno se confunde con la siguiente, y podemos observar que, a pesar de que existen sólo tres denominaciones,
el gobierno puede revestir tantas formas diversas como
ciudadanos tiene el Estado.

Hay más: pudiendo subdividirse en ciertos aspectos
este mismo gobierno en otras partes, una administrada de
un modo y la otra de otro, puede ocurrir que de estas tres
formas combinadas resulte una multitud de formas mixtas,
siendo cada una de ellas multiplicable por todas las formas
simples.

Se ha discutido mucho en todos los tiempos sobre la mejor forma de gobierno, sin considerar que cada una de ellas es la mejor en ciertos casos y la peor en otros.

Si en los diferentes Estados el número de los magistrados supremos debe estar en razón inversa al de ciudadanos, se deduce que, en general, el gobierno democrático conviene a los Estados pequeños, el aristocrático a los medianos y la monarquía a los grandes. Esta regla se deriva de forma inmediata del principio; pero ¿cómo tener en cuenta la multitud de circunstancias que pueden dar lugar a excepciones?

CAPÍTULO 4
Sobre la democracia

Quien hace la ley sabe mejor que nadie cómo debe ser ejecutada e interpretada. Parecería, en consecuencia, que la mejor constitución sería aquélla en la que el poder ejecutivo está unido al legislativo: pero esta unión limita a este gobierno en determinados aspectos, porque las cosas que deben ser diferenciadas no lo son y porque, al ser el príncipe y el soberano la misma persona, no forman, por decirlo, así, sino un gobierno sin gobierno.

No es conveniente que quien hace las leyes las ejecute y que el cuerpo del pueblo aparte su atención de la visión general para fijarla en los objetos particulares. No hay nada más peligroso que la influencia de los intereses privados en los asuntos públicos y el abuso que de las leyes hace el gobierno es un mal menor comparado con la corrupción del legislador, consecuencia inevitable de que prevalezcan los puntos de vista particulares. Cuando eso ocurre, la sustancia del Estado se modifica y toda reforma se hace imposible. Un pueblo que no abusase nunca del gobierno no abusaría tampoco de la independencia; un pueblo que gobernase siempre bien no tendría necesidad de ser gobernado.

Si tomamos el término en todo el rigor de su acepción, habría que decir que no ha existido nunca verdadera democracia y que no existirá jamás, pues es contrario al orden natural que el gran número gobierne y que el pequeño sea gobernado. No es posible imaginar que el pueblo esté continuamente reunido para ocuparse de los asuntos públicos, y se comprende con facilidad que no podría crear comisiones a tal efecto sin que la forma de administración cambiase.

En efecto, creo poder establecer como principio que cuando las funciones del gobierno están repartidas entre varios tribunales, los menos numerosos adquieren antes o después mayor autoridad, aunque sólo sea a causa de la facilidad misma para resolver los asuntos que de ello resulta.

Por lo demás, ¡cuántas cosas requiere este gobierno difíciles de reunir! En primer lugar, un Estado muy pequeño en el que el pueblo se pueda congregar con facilidad y en el que cada ciudadano pueda fácilmente conocer a los demás; en segundo lugar, una gran sencillez de costumbres que evite multitud de asuntos y de discusiones espinosas; después, mucha igualdad en los rangos y en las fortunas, sin la cual la igualdad no podría subsistir por mucho tiempo en los derechos y en la autoridad; finalmente, poco o ningún lujo, porque el lujo es producto de las riquezas o las hace necesarias; corrompe a la vez al rico y al pobre: a uno por su posesión y al otro por su envidia; entrega la patria a la molicie, a la vanidad; arranca al Estado todos sus ciudadanos para someterlos unos a otros y todos a la opinión.

He aquí por qué un autor célebre ha considerado que la virtud es el fundamento de la República; porque todas estas condiciones no podrían subsistir sin la virtud: pero, por no haber hecho las distinciones necesarias, este gran genio ha carecido con frecuencia de exactitud, a veces de claridad y no ha comprendido que, al ser la autoridad soberana en todas partes la misma, el mismo principio debe prevalecer en todo Estado bien constituido, aunque con algunas pequeñas diferencias, es cierto, debido a la forma de gobierno.

Añadamos que no hay gobierno tan proclive a las guerras civiles y a las agitaciones intestinas como el democrático o popular, porque tampoco hay ninguno que tenga una tendencia tan fuerte y tan continua a cambiar de forma y requiera tanta vigilancia y valor para conservarla. Es sobre todo en esta constitución en donde el ciudadano debe armarse de fuerza y de constancia y decir cada día de su vida, desde el fondo de su corazón, lo que decía un virtuoso palatino* en la Dieta de Polonia: «Malo periculosam libertatem quam quietum servitium».

Si hubiese un pueblo de dioses, se gobernaría democráticamente. Pero un gobierno tan perfecto no es propio de hombres.

---

* El palatino de Posnania, padre del rey de Polonia, duque de Lorena.

CAPÍTULO 5
Sobre la aristocracia

Tenemos aquí dos personas morales muy distintas, a saber, el gobierno y el soberano y, en consecuencia, dos voluntades generales, una con relación a todos los ciudadanos, la otra solamente con respecto a los miembros de la administración. Así, aunque el gobierno pueda regular su política interior como le plazca, nunca puede hablar al pueblo sino en nombre del soberano, es decir, en nombre del pueblo mismo; nunca hay que olvidar esto.

Las primeras sociedades se gobernaron aristocráticamente. Los jefes de familia deliberaban entre ellos sobre los asuntos públicos; los jóvenes se plegaban sin dificultad a la autoridad de la experiencia. De ahí los nombres de *sacerdotes, ancianos, senado, gerontes.* Los salvajes de la América septentrional se gobiernan todavía así en nuestros días y están muy bien gobernados.

Pero, a medida que la desigualdad de la institución prevaleció sobre la desigualdad natural, la riqueza o el poder* fueron preferidos a la edad, y la aristocracia pasó a ser electiva. Finalmente, al transmitirse el poder junto con los bienes del padre a los hijos, creándose así las familias patricias, el gobierno se convirtió en hereditario y se vieron senadores de veinte años.

Hay, pues, tres clases de aristocracia: natural, electiva y hereditaria. La primera sólo es adecuada para los pueblos

---

* Es obvio que la palabra *optimates* no tenía, entre los antiguos, el significado de los mejores, sino de los más poderosos.

sencillos; la tercera es el peor de todos los gobiernos. La segunda es la mejor: es la aristocracia propiamente dicha.

Además de la ventaja de diferenciar a los dos poderes, tiene la de la elección de sus miembros; porque en el gobierno popular todos los ciudadanos nacen magistrados, pero en el aristocrático sólo lo es un pequeño número y por elección*, de manera que la probidad, las luces, la experiencia y todas las restantes razones de preferencia y de estimación pública son otras tantas garantías de que se gobernará con prudencia.

Asimismo, las asambleas se hacen más cómodamente, los asuntos se discuten mejor, se solucionan con más orden y diligencia; el buen nombre del Estado se defiende mejor en el extranjero mediante venerables senadores que mediante una multitud desconocida o despreciada.

En una palabra, el orden mejor y más natural consiste en que los más sabios gobiernen a la multitud, cuando se está seguro de que la gobernarán en su provecho y no para el bien propio; no hay que multiplicar en vano las energías ni hacer con veinte mil hombres lo que cien hombres bien elegidos pueden hacer mejor. Pero es preciso reparar en que el interés de cuerpo comienza aquí a dirigir a la fuerza pública cada vez menos en función de la voluntad general, y que una pendiente inevitable arrebata a las leyes una parte del poder ejecutivo.

* Es muy importante regular, mediante leyes, la forma de elección de los magistrados: porque, si se la deja en manos del príncipe, será imposible evitar caer en la aristocracia hereditaria, como les ha sucedido a las repúblicas de *Venecia* y de *Berna*. De ahí que la primera sea desde hace tiempo un Estado disgregado, y la segunda sólo se conserve por la gran sabiduría de su Senado; es una excepción muy honorable y muy peligrosa.

En relación con las conveniencias particulares, no hace falta ni un Estado tan pequeño ni un pueblo tan sencillo y recto para que la ejecución de las leyes se base inmediatamente en la voluntad pública, como ocurre en una buena democracia. No hace falta tampoco una nación tan grande en donde los jefes, teniendo que dispersarse para gobernarla, se distancien, cada uno en su provincia, del soberano y comiencen por hacerse independientes para terminar haciéndose los amos.

Pero, aunque la aristocracia exige algunas virtudes menos que el gobierno popular, requiere también otras que le son propias, como la moderación en los ricos y la conformidad en los pobres. Parece que una igualdad rigurosa estaría fuera de lugar; pues ni siquiera existió en Esparta.

Por lo demás, si esta forma conlleva una cierta desigualdad de fortunas, es porque, en general, la administración de los asuntos públicos se confía a quienes pueden dedicarle todo su tiempo y no, como pretende Aristóteles, porque se prefiera siempre a los ricos. Por el contrario, es necesario que una elección opuesta enseñe alguna vez al pueblo que el mérito de los hombres otorga razones de preferencia más importantes que la riqueza.

CAPÍTULO 6
Sobre la monarquía

Hasta aquí hemos considerado al príncipe como una persona moral y colectiva, unida por la fuerza de las leyes y depositaria del poder ejecutivo en el Estado. Tenemos ahora que tomar en consideración ese poder cuando se halla reunido en manos de una persona natural, de un hombre real, que sólo tiene derecho a disponer de él según determinan las leyes. Es lo que se llama un monarca o un rey.

Al contrario de lo que ocurre en las demás administraciones, en las que un ser colectivo representa a un individuo, en ésta un individuo representa a un ser colectivo; de modo que la unidad moral que constituye el príncipe es, al mismo tiempo, una unidad física, en la que todas las facultades que la ley reúne en la otra con tantos esfuerzos, se encuentran reunidas aquí de un modo natural.

Así, la voluntad del pueblo, la voluntad del príncipe, la fuerza pública del Estado y la fuerza particular del gobierno responden todas al mismo móvil; todos los resortes de la máquina están en las mismas manos, todo camina hacia el mismo objetivo, no hay movimientos contrarios que se destruyan mutuamente y, en una palabra, no es fácil imaginar ningún tipo de constitución en la que un mínimo de esfuerzo produzca una acción tan considerable. Arquímedes, sentado tranquilamente a la orilla del mar y sacando sin esfuerzo una gran nave a flote, me recuerda a uno de esos hábiles monarcas que gobiernan desde sus gabinetes sus vastos Estados y hacen moverse todo con apariencia de inmovilidad.

Pero, si no hay gobierno que tenga más vigor, tampoco hay gobierno en el que la voluntad particular tenga más poder y controle más fácilmente a las demás; todo se dirige hacia el mismo fin, es cierto; pero ese objetivo no es el de la felicidad pública y la fuerza misma de la administración se vuelve sin cesar contra el Estado.

Los reyes quieren ser absolutos y desde lejos se les grita que el mejor medio de conseguirlo es haciéndose querer por sus pueblos. Esta máxima es muy bonita e incluso es muy cierta en determinados aspectos. Desgraciadamente, será objeto de burla en las Cortes. El poder que procede del amor de los pueblos es, sin duda, el mayor, pero es precario y condicional, y nunca se contentarán con él los príncipes. Los mejores reyes quieren poder ser malvados si les place, sin dejar de ser los amos; será inútil que un predicador político les diga que, siendo la fuerza del pueblo la suya, su mayor interés consiste en que el pueblo sea próspero, numeroso, temible: ellos saben muy bien que no es cierto. Su interés personal consiste, en primer lugar, en que el pueblo sea débil, miserable y en que no pueda nunca resistírsele. Confieso que si los súbditos estuviesen siempre perfectamente sometidos, iría en interés del príncipe que el pueblo fuese poderoso pues, al pertenecerle ese poder, le haría más temible ante sus vecinos; pero como ese interés no es sino secundario y subordinado y las dos suposiciones son incompatibles, es natural que los príncipes prefieran la máxima que les resulta más útil de forma inmediata. Esto es lo que Samuel hacía ver a los hebreos; es también lo que Maquiavelo ha demostrado con toda evidencia. Fingiendo dar lecciones a los reyes, las ha dado, y muy grandes, a los pueblos. *El Príncipe* de Maquiavelo es el libro de los republicanos.

Hemos observado gracias a las relaciones generales que la monarquía sólo conviene a los grandes Estados, lo que constataremos también al examinarla en sí misma. Cuanto más numerosa es la administración pública, más disminuye la relación del príncipe con los súbditos y más se acerca a la igualdad, de forma que en la democracia esta relación es una o la igualdad misma. Esta misma proporción aumenta a medida que el gobierno se restringe, y alcanza su *máximum* cuando el gobierno está en manos de uno solo. En ese caso, la distancia entre el príncipe y el pueblo es demasiado grande y el Estado carece de unión. De ahí la necesidad de órdenes intermedios: son necesarios príncipes, grandes, nobleza. Ahora bien, nada de todo esto es beneficioso para un Estado pequeño, al que arruinan todas estas jerarquías.

Pero si es difícil que un Estado grande esté bien gobernado, aún lo es mucho más que lo esté por un solo hombre, y nadie ignora lo que sucede cuando el rey nombra sustitutos.

Un defecto esencial e inevitable, que hará siempre que el gobierno monárquico esté por debajo del republicano, es que en éste la opinión pública casi nunca asciende a los primeros puestos sino a hombres notables y capaces, que los desempeñan con honores: mientras que los que hacen fortuna en las monarquías suelen ser enredadores, bribonzuelos e intrigantes, a quienes los escasos talentos que permiten alcanzar puestos preeminentes en las Cortes sólo les sirven para mostrar al público su ineptitud, tan pronto como los han conseguido. El pueblo se equivoca mucho menos en esta elección que el príncipe y un hombre de mérito es casi tan raro en un ministerio como lo es un tonto al frente de un gobierno republicano. Así, cuando, por una feliz casualidad, uno de estos hombres nacidos para gobernar toma el timón de los asuntos en una monarquía casi arruinada por ese montón de lindos gobernantes, nos sorprendemos por los recursos que encuentra y hace época en el país.

Para que un Estado monárquico pudiese estar bien gobernado, sería preciso que su extensión o su tamaño fuesen adecuados a las facultades del que gobierna. Es más fácil conquistar que gobernar. Mediante una palanca adecuada se puede mover el mundo con un dedo; pero para sostenerlo hacen falta los hombros de Hércules. Por pequeño que sea un Estado, el príncipe suele ser, casi siempre, incluso más pequeño. Cuando ocurre, por el contrario, que el Estado es demasiado pequeño para su jefe, lo cual es muy raro, también está mal gobernado; porque el jefe, siguiendo la grandeza de sus miras, olvida los intereses de los pueblos y les hace tan desgraciados por su exceso de talento como un jefe de corto entendimiento por su falta de inteligencia. Sería necesario, por decirlo así, que un reino se extendiese o se limitase en cada reinado según la capacidad del príncipe; mientras que, en el caso de un senado, al tener su capacidad medidas más fijas, el Estado puede tener límites estables y la administración funcionará bien.

El más importante inconveniente del gobierno de uno solo es la falta de esa sucesión continua que en los otros regímenes constituye una relación constante. Al morir un rey, se necesita otro; las elecciones dejan intervalos peligrosos, son tormentosas y, salvo que los ciudadanos sean de un desinterés y de una integridad que no se suelen dar en este gobierno, surgen la intriga y la corrupción. Es difícil que aquél a quien el Estado se ha vendido, no lo venda a su vez y que no se resarza sobre los débiles del dinero que los poderosos le han arrebatado. Tarde o temprano, todo se hace venal con semejante administración, y la paz que se disfruta entonces bajo los reyes es peor que el desorden de los interregnos.

¿Qué se ha hecho para prevenir estos males? Se han instituido las coronas hereditarias en algunas familias y se ha establecido un orden de sucesión que evita las disputas cuando los reyes mueren: es decir que, al sustituir el inconveniente de las elecciones por el de las regencias, se ha elegido una aparente tranquilidad a una administración prudente y se ha preferido asumir el riesgo de tener por jefes a niños, a monstruos o a imbéciles que verse obligados a discutir sobre la elección de buenos reyes; no se ha tomado en consideración que, al exponerse así al riesgo de la alternativa, casi todas las probabilidades están en contra. Fue una respuesta muy sensata la que dio el joven Denis a su padre, quien le reprochaba una acción vergonzosa; ¿te he dado yo ese ejemplo? ¡Ah, respondió el hijo, vuestro padre no era rey!

Todo confluye a privar de justicia y de razón a un hombre educado para mandar a los demás. Se toman muchas molestias, según se dice, para enseñar a los jóvenes príncipes el arte de reinar; no parece que esta educación les sea provechosa. Sería mejor comenzar por enseñarles el arte de obedecer. Los más grandes reyes que ha tenido la historia no han sido educados para reinar; es una ciencia que no se adquiere nunca aprendiéndola y que se adquiere mejor obedeciendo que mandando. *Nam utilissimus idem ac brevissimus bonarum malarumque rerum delectus, cogitare quid aut nolueris sub alio principe, aut volueris**.

* Tacit: hist. L. I.

Una consecuencia de esta falta de coherencia es la inconstancia del gobierno real, que rigiéndose tan pronto por un plan como por otro, según el carácter del príncipe que reina o de las personas que reinan por él, no puede tener durante mucho tiempo un objetivo fijo ni una conducta consecuente: estas variaciones hacen que el Estado oscile continuamente de máxima en máxima, de proyecto en proyecto, lo que no ocurre en los demás gobiernos donde el príncipe siempre es el mismo. Se observa también que, en general, hay más astucia en una corte, más sabiduría en un senado y que las repúblicas persiguen sus fines con miras más constantes y más continuas, mientras que cada revolución en el ministerio produce otra en el Estado; siendo máxima común a todos los ministros y a casi todos los reyes hacer en todo lo contrario que sus predecesores.

De esta misma incoherencia se deduce la solución a un sofisma muy común en las políticas reales; se trata no sólo de comparar el gobierno civil con el gobierno doméstico, y el príncipe con el padre de familia, error ya refutado, sino además de atribuir de manera liberal a este magistrado todas las virtudes que debería poseer, y suponer que el príncipe es lo que debería ser: suposición según la cual el gobierno real es evidentemente preferible a cualquier otro porque es, indiscutiblemente, el más fuerte y porque, para ser también el mejor, no le falta más que una voluntad corporativa más conforme con la voluntad general.

Pero si, según Platón*, el rey es por naturaleza un personaje tan raro, ¿cuántas veces concurrirán la naturale-

---

* *In civili.*

za y la fortuna a coronarle?, y si la educación real corrompe necesariamente a quienes la reciben, ¿qué se puede esperar de una serie de hombres educados para reinar? Es, pues, querer engañarse confundir el gobierno real con el de un buen rey. Para ver lo que este gobierno es en sí mismo, es preciso considerarlo sometido a príncipes limitados o malvados, porque o bien cuando lleguen al trono serán de ese modo, o el trono les hará así.

Estas dificultades no han pasado inadvertidas a nuestros autores; pero no se han preocupado por ello. El remedio consiste, dicen, en obedecer sin murmurar; Dios otorga malos reyes en sus momentos de cólera, y es preciso soportarlos como castigos del cielo. Este modo de discurrir es edificante, sin duda, pero no sé si sería más adecuado para el púlpito que para un libro de política. ¿Qué se diría de un médico que prometiese milagros y cuyo arte consistiese únicamente en exhortar a un enfermo a que tuviese paciencia? Es obvio que hay que soportar un mal gobierno cuando se tiene, pero la cuestión sería encontrar uno bueno.

CAPÍTULO 7
Sobre los gobiernos mixtos

Hablando con propiedad no existe un gobierno simple. Es necesario que un jefe único tenga magistrados subalternos; es preciso que un gobierno popular tenga un jefe. De este modo en el reparto del poder ejecutivo hay siempre una graduación del mayor número al menor, con la salvedad de que unas veces el número mayor depende del menor y otras el pequeño depende del grande.

En ocasiones hay un reparto igual; bien cuando las partes constitutivas se encuentran en una mutua dependencia, como en el caso del gobierno de Inglaterra; bien cuando la autoridad de cada parte es independiente pero imperfecta, como ocurre en Polonia. Esta última forma es mala porque el gobierno carece de unidad y el Estado de unión.

¿Qué es mejor, un gobierno simple o un gobierno mixto? Cuestión muy candente entre los políticos y a la que hay que dar la misma respuesta que he dado antes para las restantes formas de gobierno.

El gobierno simple es el mejor en sí mismo por el hecho de ser simple. Pero cuando el poder ejecutivo no depende suficientemente del legislativo, es decir, cuando la relación entre el príncipe y el soberano es mayor que entre el pueblo y el príncipe, es preciso poner remedio a esta falta de proporción dividiendo el gobierno; pues entonces todas sus partes tienen la misma autoridad sobre los súbditos y su división las hace menos fuertes respecto al soberano.

Se evita asimismo este inconveniente estableciendo magistrados intermedios que, dejando al gobierno indiviso, sirven sólo para equilibrar los dos poderes y para mantener sus derechos respectivos. En ese caso el gobierno no es mixto sino moderado.

Es posible poner remedio al inconveniente opuesto por medios parecidos de modo que, cuando el gobierno es demasiado débil, se pueden instituir tribunales para concentrarlo. Esto se hace en todas las democracias. En el primer caso se divide al gobierno para debilitarle y, en el segundo, para afianzarlo; porque los *máximum* de fuerza y de debilidad se encuentran igualmente en los gobiernos simples, mientras que las formas mixtas dan una fuerza media.

CAPÍTULO 8
De cómo toda forma de gobierno no es apta para todos los países

No siendo la libertad un fruto de todos los climas, no se encuentra al alcance de todos los pueblos. Cuanto más se medita este principio establecido por Montesquieu, más se percibe la verdad que encierra. Cuanto más se le discute, más ocasiones se ofrecen de ratificarlo con nuevas pruebas.

En todos los gobiernos del mundo, la persona pública consume y no produce nada. ¿De dónde le viene, pues, la sustancia consumida? Del trabajo de sus miembros. Lo superfluo de los particulares es lo que produce lo que necesita el Estado. De donde se deduce que el estado civil sólo puede subsistir mientras el trabajo de los hombres produzca más de lo necesario para su subsistencia.

Ahora bien, este excedente no es el mismo en todos los países del mundo. En muchos es considerable; en otros es mediocre; en algunos, nulo, y en otros es negativo. Esta relación depende de la fertilidad del clima, del tipo de trabajo que la tierra exige, de la naturaleza de sus producciones, de la fuerza de sus habitantes, del mayor o menor consumo que necesitan y de otras muchas relaciones semejantes que la integran.

Por otra parte, no todos los gobiernos son de la misma naturaleza; los hay más o menos insaciables y las diferencias se basan sobre este otro principio de que cuanto más se alejan de su origen, más onerosas resultan las contribuciones públicas. No se debe medir esta carga por la cantidad de los impuestos, sino por el camino que han de recorrer para volver a las manos de donde han salido; cuando esta circulación es rápida y está bien establecida, no importa pagar poco o mucho, pues el pueblo es siempre rico y las finanzas van bien. Por el contrario, por poco que el pueblo entregue, cuando este poco no lo recobra, al estar siempre dando, pronto se agota; el Estado nunca es rico y el pueblo es siempre indigente.

De ello se deriva que, a medida que aumenta la distancia entre el pueblo y el gobierno, los tributos se hacen más gravosos: así el pueblo está menos gravado en la democracia; en la aristocracia lo está más y en la monarquía soporta la mayor carga. La monarquía sólo resulta conveniente, pues, para las naciones opulentas, la aristocracia, para los Estados con una extensión y unas riquezas medianas; la democracia, para los Estados pequeños y pobres.

En efecto, cuanto más se reflexiona, más diferencias se hallan entre los Estados libres y los monárquicos; en los primeros, todo se emplea a favor de la utilidad común; en los segundos, las fuerzas públicas y particulares son recíprocas y una aumenta cuando la otra se debilita. Finalmente, en vez de gobernar a los súbditos para hacerlos dichosos, el despotismo les hace miserables para gobernarlos.

Así, en cada clima, se dan causas naturales que condicionan la forma de gobierno e incluso el tipo de habitantes que debe tener. Los lugares ingratos y estériles, donde el producto no compensa el esfuerzo que exige, deben quedar incultos o desiertos o estar poblados solamente por salvajes; los lugares donde el trabajo de los hombres no dé más que lo necesario deben ser habitados por pueblos bárbaros, pues toda civilización sería imposible en ellos; los lugares en los que el excedente del producto sobre el trabajo es mediocre son adecuados para los pueblos libres; aquéllos en donde el terreno, abundante y fértil, da mucho fruto con poco trabajo, requieren ser gobernados mediante una monarquía para consumir mediante el lujo del príncipe el excedente que producen los súbditos; porque más vale que ese excedente sea utilizado por el gobierno que disipado por los particulares. Hay excepciones, ya lo sé; pero estas mismas excepciones confirman la regla porque producen, antes o después, revoluciones que restablecen el orden de la naturaleza.

Distingamos siempre las leyes generales de las causas particulares que pueden modificar su efecto. Aunque todo el sur estuviese cubierto de repúblicas y todo el norte de Estados despóticos, no sería menos cierto que, por efecto del clima, el despotismo conviene a los países cálidos, la barbarie a los fríos y la civilización a las regiones intermedias. Estoy de acuerdo en que, aun aceptando el principio, se puede discutir sobre su aplicación y decir que hay países fríos muy fértiles y otros meridionales muy ingratos. Pero esta dificultad sólo existe para los que no examinan las cosas en todos sus aspectos. Es necesario, como ya he dicho, tener en cuenta los trabajos, las fuerzas, el consumo, etc.

Supongamos que, siendo dos terrenos iguales, uno produce cinco y otro diez. Si los habitantes del primero consumen cuatro y los del segundo nueve, el excedente del primero será un quinto y el del segundo un décimo. Siendo la relación de estos dos excedentes inversa a la de los productos, el terreno que sólo produce cinco dará un excedente doble que el del terreno que produce diez.

Pero no es cuestión de un producto doble y no creo que nadie se atreva a igualar en términos generales la fertilidad de los países fríos con la de los cálidos. Sin embargo, supongamos que se da esta igualdad; establezcamos, si se quiere, un equilibrio entre Inglaterra y Sicilia, entre Polonia y Egipto. Más al sur están África y la India; más al norte, ya no hay nada. Para conseguir esta igualdad de productos, ¿qué diferencias debe haber en el cultivo? En Sicilia sólo hay que escarbar la tierra; ¡en Inglaterra, qué de esfuerzos para labrarla! Ahora bien, allí donde son necesarios más brazos para conseguir el mismo producto, lo superfluo debe ser necesariamente menor.

Considerad, además, que la misma cantidad de hombres consume mucho menos en los países cálidos. El clima exige ser sobrio para encontrarse bien: los europeos que quieren vivir en estos países como en los suyos perecen todos de disentería o de indigestión. «Somos», dice Chardin, «animales carniceros, lobos, en comparación con los asiáticos. Algunos atribuyen la sobriedad de los persas a que su país está menos cultivado, y yo creo por el contrario que su país abunda menos en productos alimenticios porque les hacen menos falta a sus habitantes. Si su frugalidad, continúa, fuese un efecto de la escasez del país, solamente comerían poco los pobres, lo que no es cierto, y se comería más o menos en cada provincia según la fertilidad del país; por el contrario, se encuentra la misma sobriedad en todo el reino. Se vanaglorian mucho de su manera de vivir, diciendo que no hay más que mirar su tez para darse cuenta de que es mucho mejor que la de los cristianos. En efecto, la tez de los persas es lisa; tienen la piel hermosa, fina y lisa, mientras que la tez de los armenios, sus súbditos, que viven a la europea, es basta y terrosa, y sus cuerpos son gruesos y pesados».

Cuanto más nos aproximamos a la línea del ecuador, menos necesitan los pueblos para vivir. Casi no comen carne; el arroz, el maíz, el cous-cous, el mijo, el cazabe, son sus alimentos corrientes. Hay en la India millones de hombres cuyo alimento no cuesta ni cinco céntimos diarios. Hasta en Europa vemos diferencias sensibles en el apetito entre los pueblos del norte y los del sur. Un español viviría ocho días con la comida de un alemán. En los países donde los hombres son más voraces, el lujo se orienta también hacia las cosas del consumo. En Inglaterra se manifiesta mediante una mesa cubierta de viandas; en Italia se obsequia con azúcar y con flores.

El lujo en el vestir ofrece también diferencias análogas. En los climas en donde los cambios de estación son rápidos y violentos, se utilizan trajes mejores y más sencillos, en aquellos donde uno se viste sólo por el adorno, se busca más la brillantez que la utilidad: los trajes mismos son un elemento de lujo. En Nápoles veréis todos los días pasearse por el Pausilipo hombres con casaca dorada y sin medias. Lo mismo ocurre con las construcciones; se vuelca uno en la magnificencia cuando nada hay que temer de los daños del viento. En París, en Londres, se buscan alojamientos calientes y cómodos. En Madrid se tienen salones soberbios, pero no hay ventana alguna que cierre y se acuesta uno en un nido de ratones.

Los alimentos son mucho más sabrosos y suculentos en los países cálidos; es una tercera diferencia que no puede dejar de influir en la segunda. ¿Por qué se comen tantas legumbres en Italia? Porque son buenas, nutritivas y tienen un gusto excelente. En Francia, donde sólo se nutren de agua, no alimentan nada y no aparecen casi en la mesa: sin embargo, no por ello ocupan menos terreno ni cultivarlas cuesta menos esfuerzo. Es una experiencia comprobada que el trigo de Berbería, inferior por lo demás al de Francia, da mucha más harina que el de ésta y, a su vez, da más que los trigos del norte. De donde se puede deducir que una graduación parecida se observa por lo general en la misma dirección desde la línea del ecuador al polo. Ahora bien, ¿no es una desventaja obvia tener, con un producto igual, menor cantidad de alimentos? A todas estas diferentes consideraciones puedo añadir una que se deduce de ellas y las ratifica, a saber, que los países cálidos tienen menos necesidad de habitantes que los fríos y podrían alimentar a más, lo que produce un doble excedente siempre a favor del despotismo. Cuanta mayor superficie ocupe el mismo número de habitantes, más difíciles se hacen las revueltas porque no se pueden poner de acuerdo con prontitud ni secretamente y porque es siempre fácil para el gobierno descubrir los planes y cortar las comunicaciones; pero cuanto más se concentra un pueblo numeroso, menos fácil le resulta al gobierno usurpar la soberanía; los jefes deliberan con tanta seguridad en sus habitaciones como el príncipe en su Consejo, y la multitud se reúne en las plazas tan rápidamente como las tropas en sus cuarteles. La ventaja de un gobierno tiránico consiste, pues, en poder actuar a pesar de las grandes distancias. Con la ayuda de los puntos de apoyo de que se sirve, su fuerza aumenta con la distancia, como la de las palancas*. La del pueblo, por el contrario, no obra sino concentrada, y se evapora y se pierde al extenderse, como el efecto de la pólvora esparcida en la tierra, que no se inflama sino grano a grano. Los países menos poblados son también los más aptos para la tiranía: los animales feroces no reinan sino en los desiertos.

CAPÍTULO 9
Sobre los rasgos de un buen gobierno

Cuando se pregunta de un modo absoluto cuál es el mejor gobierno, se hace una pregunta tan insondable como indeterminada; o, si se quiere, tiene tantas buenas respuestas como combinaciones posibles hay en las situaciones absolutas y relativas de los pueblos.

Pero si se preguntase qué rasgo permite conocer si un pueblo está bien o mal gobernado, sería otra cosa, y la pregunta podría de hecho tener solución.

Sin embargo, no se resuelve porque cada uno quiere hacerlo a su manera. Los súbditos alaban la tranquilidad pública; los ciudadanos, la libertad de los particulares; uno

---

* Esto no contradice lo que he dicho más arriba L. II. Cap. IX sobre los inconvenientes de los grandes Estados: porque allí se trataba de la autoridad del gobierno sobre sus miembros, y aquí se trata de la fuerza del gobierno contra sus súbditos. Sus miembros dispersos le sirven de punto de apoyo para actuar desde lejos sobre el pueblo; pero no tiene ningún punto de apoyo para actuar directamente sobre sus miembros mismos. Así, en un caso, la longitud de la palanca constituye su debilidad, mientras que, en el otro, constituye su fuerza.

prefiere la garantía de los bienes y el otro la de las personas; uno pretende que el mejor gobierno es el más severo; el otro sostiene que es el menos severo; éste desea que se castiguen los crímenes y aquél que se adopten medidas para prevenirlos; a uno le parece conveniente ser temido por los vecinos, el otro prefiere vivir ignorado por ellos; uno está contento cuando circula el dinero, el otro exige que el pueblo tenga pan. Aunque se estuviese de acuerdo sobre estos puntos y otros semejantes, ¿se habría adelantado algo? Al carecer de medida precisa las cualidades morales, aunque estuviésemos de acuerdo sobre el rasgo, ¿cómo estarlo respecto a su estimación?

En lo que a mí respecta, siempre me produce extrañeza que se desconozca un rasgo tan sencillo, o que se tenga la mala fe de no aceptarlo. ¿Cuál es la finalidad de la asociación política? La conservación y la prosperidad de sus miembros. ¿Y cuál es la señal más segura de que se conservan y prosperan? Su número y su población. No vayáis, pues, a buscar más lejos ese rasgo tan discutido. En igualdad de condiciones, es infaliblemente mejor el gobierno en el que los ciudadanos proliferan y se multiplican más, sin medios extraños, sin naturalizaciones, sin colonias: aquél en el que el pueblo decrece y languidece es el peor. ¡Calculadores, ahora es asunto vuestro: contad, medid, comparad!*

---

* Basándonos en ese mismo principio, debemos juzgar qué siglos merecen la preferencia por su contribución a la prosperidad del género humano. Han sido demasiado admirados los siglos en los que han florecido las letras y las artes, sin comprender cuál era el objeto secreto de su cultura y sin considerar su efecto funesto: *idque apud imperitos humanitas vocabatur, cum pars servitutis esset.* ¿No percibiremos nunca en las máximas de los libros el interés grosero que anima a sus autores? No, digan lo que

CAPÍTULO 10
Sobre el abuso del gobierno, y su inclinación a degenerar

Así como la voluntad particular actúa incesantemente en contra de la voluntad general, así el gobierno pugna continuamente contra la soberanía. Cuanto más aumenta ese esfuerzo, más se altera la constitución, y como aquí no hay otra voluntad de cuerpo que resista a la del príncipe y establezca un equilibrio con ella, antes o después tiene que suceder que el príncipe oprima al soberano y rompa el tratado social. Este es el vicio inherente e inevi-

digan, cuando, a pesar de su esplendor, un país se despuebla, no es cierto que todo ande bien, y no basta con que un poeta tenga cien mil libras de renta para que su siglo sea el mejor de todos. Hay que tomar menos en consideración la tranquilidad aparente y el sosiego de los jefes que el bienestar de la nación en su conjunto y, sobre todo, de los grupos sociales más numerosos. El granizo asola algunas regiones, pero rara vez produce hambrunas. Los motines, las guerras civiles, infunden mucho temor a los jefes, pero no constituyen las verdaderas desgracias de los pueblos, que pueden hasta tener un cierto descanso mientras duran las peleas para decidir quién será el próximo tirano. Es de su estado permanente de donde nace su prosperidad o su desdicha real; cuando todo permanece aplastado bajo el yugo, todo se debilita; es entonces cuando los jefes les destruyen a placer, *ubi solitudinem faciunt, pacem appellant.* Cuando los enredos de los grandes agitaban el reino de Francia, y el coadjutor de París iba al Parlamento con un puñal en el bolsillo, ello no impedía que el pueblo francés viviese feliz y numeroso en un honesto y libre bienestar. Antaño Grecia florecía en medio de las guerras más crueles; la sangre corría a ríos y todo el país estaba extensamente poblado. Parecía, dice Maquiavelo, que en medio de los crímenes, de las proscripciones, de las guerras civiles, nuestra República se fortalecía; la virtud de sus ciudadanos, sus costumbres, su independencia, hacían más para robustecerla que todas las disensiones para debilitarla. Un poco de agitación vigoriza las almas, y lo que realmente hace prosperar a la especie es menos la paz que la libertad.

table que, desde el nacimiento del cuerpo político, tiende sin descanso a destruirlo, al igual que la vejez y la muerte destruyen el cuerpo del hombre.

Existen dos vías generales por las que un gobierno degenera, a saber, cuando se hace más restringido o cuando se disuelve el Estado.

El gobierno se restringe cuando sus miembros pasan de ser muchos a ser pocos, es decir, cuando pasa de la democracia a la aristocracia y de la aristocracia a la monarquía. Esta es su inclinación natural*. Si retrocediese de la

---

*La lenta formación y el progreso de la República de Venecia con sus lagunas ofrece un notable ejemplo de esta sucesión; y es asombroso que, después de mil doscientos años, los venecianos parezcan hallarse aún en el segundo caso, que comenzó en el *Serrar di Consiglio* en 1198. En cuanto a los antiguos duques cuya existencia se les reprocha, está probado que no fueron sus soberanos.

No faltará quien me haga la objeción de que la República romana siguió un proceso completamente distinto, pasando de la monarquía a la aristocracia, y de la aristocracia a la democracia. Estoy muy lejos de pensar tal cosa.

La primera institución de Rómulo fue un gobierno mixto, que degeneró pronto en despotismo. Por causas particulares, el Estado pereció antes de tiempo, como puede morir un recién nacido antes de haber alcanzado la edad madura. La expulsión de los Tarquinos fue la verdadera época del nacimiento de la República. Pero no adoptó al principio una forma constante, porque sólo se llevó a cabo la mitad de la obra, al no abolir el patriciado. De esta manera, la aristocracia hereditaria, que es la peor de las administraciones legítimas, mantuvo un conflicto permanente con la democracia, por lo que la forma de gobierno, siempre incierta y fluctuante, no se estabilizó, como ha demostrado Maquiavelo, hasta el establecimiento de los tribunos; sólo entonces hubo un verdadero gobierno y una verdadera democracia. En efecto, el pueblo no era solamente soberano, sino magistrado y juez, el Senado no era más que un tribunal subordinado para moderar o concentrar al gobierno, y los propios cónsules, a pesar de ser patricios, primeros magistrados y generales con poder absoluto en la guerra, no eran en Roma más que los presidentes del pueblo.

minoría a la mayoría, se podría decir que se debilita, pero esa tendencia inversa es imposible.

En efecto, el gobierno sólo cambia de forma cuando sus gastadas energías le dejan demasiado debilitado para conservar la suya. Ahora bien, si se debilitase extendiéndose, su fuerza llegaría a ser completamente nula y subsistiría aún con mayor dificultad. Es necesario, pues, fortalecer y apretar el resorte a medida que cede; de otro modo, el Estado al que sustenta perecería.

La disolución del Estado se puede producir de dos formas.

Primero, cuando el príncipe no administra el Estado según las leyes y usurpa el poder soberano. Entonces se produce un cambio notable; que consiste en que no es el gobierno, sino el Estado, el que se estrecha; quiero decir que el gran Estado se disuelve y que se crea otro en su interior, compuesto solamente por miembros del gobierno, no siendo éste ya para el resto del pueblo sino su amo y su tirano. De forma que, en el momento en que el go-

A partir de ese momento, se vio también que el gobierno seguía su inclinación natural y tendía fuertemente hacia la Aristocracia. Al abolirse el patriciado como por sí mismo, la aristocracia dejó de formar parte del cuerpo de los patricios, como en Venecia y en Génova, para integrar el cuerpo del Senado, que estaba compuesto por patricios y plebeyos, así como el cuerpo de los tribunos cuando éstos comenzaron a usurpar un poder activo: porque las palabras no cambian las cosas, y cuando el pueblo tiene jefes que gobiernan por él, cualquiera que sea la denominación que tengan estos jefes, se trata siempre de una aristocracia.

De los abusos de la aristocracia surgieron las guerras civiles y el triunvirato. Sila, Julio César y Augusto se convirtieron de hecho en auténticos monarcas, y finalmente, bajo el despotismo de Tiberio, el Estado se disolvió. La historia romana no desmiente, pues, mi principio; lo confirma.

bierno usurpa la soberanía, el pacto social se rompe, y todos los ciudadanos, al recuperar con pleno derecho su libertad natural, se ven forzados, pero no obligados, a obedecer.

Lo mismo ocurre también cuando los miembros del gobierno usurpan por separado el poder, que sólo deben ejercer corporativamente; esto no es una simple infracción de las leyes, sino que produce un gran desorden. Tenemos entonces, por decirlo así, tantos príncipes como magistrados y el Estado, no menos dividido que el gobierno, perece o cambia de forma.

Cuando el Estado se disuelve, el abuso del Gobierno cualquiera que sea, toma el nombre común de *anarquía*. Estableciendo diferencias, podemos decir que la Democracia degenera en *oclocracia;* la aristocracia en *oligarquía;* yo añadiría que la realeza degenera en *tiranía;* pero este último término es equívoco y exige explicación.

En sentido vulgar, un tirano es un rey que gobierna con violencia y sin respetar la justicia y las leyes. En sentido estricto, un tirano es un particular que se atribuye la autoridad real sin tener derecho. Es así como los griegos entendían la palabra tirano: daban ese nombre tanto a los buenos como a los malos príncipes cuya autoridad no era legítima*. Así *tirano* y *usurpador* son dos términos perfectamente sinónimos.

---

* «Omnes enim et habentur et dicuntur Tyranni qui potestate utuntur perpetuâ, in eâ Civitate quae libertate usa est.» Corn. Nep. in Miltiad: es cierto que Aristóteles *Mor. Nicom.* L. VIII, CIO distingue al tirano del rey, porque el primero gobierna en su propio beneficio y el segundo sólo en beneficio de sus súbditos; pero además de que, por lo general, todos los autores griegos dan a la palabra tirano otro significado, como parece demostrarlo sobre todo el *Hieron* de Jenofonte, de la distinción de Aristóteles se deduciría que desde el comienzo del mundo no habría existido todavía un solo rey.

Para dar diferentes nombres a diferentes cosas, llamo *tirano* al usurpador de la autoridad real y *déspota* al usurpador del poder soberano. El tirano es aquel que interviene contra las leyes para gobernar según las leyes; el déspota es aquel que se coloca por encima de las leyes. De modo que el tirano puede no ser un déspota; pero el déspota es siempre un tirano.

CAPÍTULO II
Sobre la muerte del cuerpo político

Ésa es la pendiente natural e inevitable de los gobiernos mejor constituidos. Si Esparta y Roma han perecido, ¿qué Estado podría esperar subsistir para siempre? Si queremos crear una institución duradera, no soñemos con hacerla eterna. Para tener éxito no debemos intentar lo imposible ni jactarnos de dar a las obras de los hombres una solidez que las cosas humanas no tienen.

El cuerpo político, lo mismo que el cuerpo del hombre, comienza a morir desde su nacimiento y lleva en sí mismo las causas de su destrucción. Pero uno y otro pueden tener una constitución más o menos robusta y apta para conservarse más o menos tiempo. La constitución del hombre es obra de la naturaleza, la del Estado es obra del arte. No depende de los hombres prolongar su propia vida, pero sí depende de ellos prolongar la del Estado tanto como sea posible, dándole la mejor constitución que pueda tener. El Estado mejor constituido morirá, pero más tarde que otro, salvo que un accidente imprevisto ocasione su muerte antes de tiempo.

El principio de la vida política está en la autoridad soberana. El poder legislativo es el corazón del Estado, el poder ejecutivo es su cerebro que pone en movimiento a todas las partes. El cerebro puede sufrir una parálisis y el individuo seguir viviendo. Un hombre se queda imbécil y vive: pero en cuanto el corazón cesa en sus funciones, el animal muere.

No es gracias a las leyes por lo que subsiste el Estado, sino gracias al poder legislativo. La ley de ayer no obliga hoy, pero el consentimiento tácito se deriva del silencio y el soberano debe confirmar incesantemente las leyes que no deroga, pudiendo hacerlo. Todo lo que ha declarado querer una vez lo quiere siempre, a menos que lo revoque.

¿Por qué se tiene entonces tanto respeto a las leyes antiguas? Por esto mismo. Se cree que sólo la excelencia de las voluntades antiguas ha podido conservarlas tanto tiempo; si el soberano no las hubiese considerado beneficiosas, las habría revocado mil veces. He aquí por qué, en vez de debilitarse, las leyes adquieren continuamente más fuerza en todo Estado bien constituido; el prejuicio de la antigüedad las hace cada día más venerables, mientras que si las leyes se debilitan al envejecer ello demuestra que no hay poder legislativo y que el Estado ya no existe.

CAPÍTULO 12
De cómo se mantiene la autoridad soberana

Al no tener el soberano más fuerza que el poder legislativo sólo actúa por medio de leyes y, no siendo las leyes más que actos auténticos de la voluntad general, el soberano sólo actúa cuando el pueblo está reunido. Se dirá: el pueblo reunido, ¡qué quimera! Es una quimera hoy, pero no lo era hace dos mil años: ¿han cambiado los hombres de naturaleza?

Los límites de lo posible en las cosas morales son menos estrictos de lo que pensamos: son nuestras debilidades, nuestros vicios, nuestros prejuicios, los que lo limitan. Las almas bajas no creen en los grandes hombres: los viles esclavos sonríen con aire burlón ante la palabra libertad.

Por lo que se ha hecho consideremos lo que se puede hacer; no hablaré de las antiguas repúblicas de Grecia, pero la República romana era, en mi opinión, un gran Estado y la ciudad de Roma, una gran ciudad. El último censo contabilizó en Roma cuatrocientos mil ciudadanos armados y el último empadronamiento del Imperio más de cuatro millones de ciudadanos, sin contar los súbditos, los extranjeros, las mujeres, los niños y los esclavos.

¡Qué dificultad supondría reunir con frecuencia al pueblo inmenso de esa capital y de sus alrededores! Sin embargo, no transcurrían muchas semanas sin que el pueblo romano se reuniese y, a veces, lo hacía muchas veces en ese espacio de tiempo. No solamente ejercía los derechos de soberanía, sino una parte de los del gobierno. Trataba ciertos asuntos, juzgaba algunas causas y todo ese pueblo actuaba en la plaza pública como magistrado casi con tanta frecuencia como ciudadano.

Si nos remontásemos a los primeros tiempos de las naciones, veríamos que la mayor parte de los antiguos gobiernos, incluso los monárquicos como los de los macedonios y los francos, tenían consejos semejantes. De cualquier modo, hay un hecho indiscutible que responde a todas las dificultades: de lo existente a lo posible se pueden sacar consecuencias.

CAPÍTULO 13

Continuación

No basta con que el pueblo reunido haya sancionado una vez la constitución del Estado, dando su aprobación a un cuerpo de leyes: no basta con que haya establecido un gobierno perpetuo o que haya resuelto para siempre la elección de los magistrados. Además de las asambleas extraordinarias, motivadas por casos imprevistos, es necesario que se convoquen otras fijas y periódicas que no puedan ser suspendidas ni prorrogadas, de forma que en el día señalado el pueblo sea legítimamente convocado por ley, sin que sea precisa ninguna otra convocatoria formal.

Pero, con exclusión de estas asambleas jurídicas cuya fecha ya está fijada, toda asamblea del pueblo que no haya sido convocada por los magistrados nombrados a tal efecto y de acuerdo con las formas prescritas, debe ser considerada ilegítima y todo lo que en ellas se haga será nulo; porque la orden misma de reunión debe emanar de la ley.

Con relación a la repetición más o menos frecuente de las asambleas legítimas, depende de tantas consideraciones que no pueden darse reglas precisas al respecto. Sólo puede afirmarse, en general, que cuanta más fuerza tenga el gobierno, más frecuentemente debe actuar el soberano.

Se me dirá que esto puede ser conveniente para una sola ciudad; pero ¿qué hacer cuando el Estado engloba a varias? ¿Se dividirá la autoridad soberana o se la concentrará en una sola ciudad y se someterán a ella las restantes?

Respondo que no debe hacerse ni lo uno ni lo otro. En primer lugar, la autoridad soberana es simple y es una, y no se la puede dividir sin destruirla. En segundo lugar, una ciudad, lo mismo que una nación, no puede ser legítimamente sometida a otra, porque la esencia del cuerpo político reside en el equilibrio entre la obediencia y la libertad, y las palabras *súbdito* y *soberano* son correlaciones idénticas cuyo significado está contenido en la palabra ciudadano.

Contesto además que siempre es un mal unir varias ciudades en una sola y que, en caso de querer llevar a cabo esta unión, no debe uno jactarse de evitar sus inconvenientes naturales. No se tiene que utilizar como argumento los abusos de los grandes Estados para quien sólo quiere los pequeños: pero ¿cómo dotar a los pequeños Estados con fuerza suficiente para resistir a los grandes? Como antaño las ciudades griegas resistieron al gran rey y como, más recientemente, Holanda y Suiza han resistido a la casa de Austria.

Sin embargo, si no se puede reducir el Estado a límites prudentes, queda aún un recurso: no establecer ninguna capital y reunir el gobierno alternativamente en cada ciudad, convocando también en ellas sucesivamente a los Estados del país.

Poblad el territorio por igual, extended por todas partes el mismo derecho, llevad por todos lados la abundancia y la vida, así es como el Estado llegará a ser, a la vez, el más fuerte y el mejor gobernado posible. Acordaos de que los muros de las ciudades se construyen con las ruinas de las casas de campo. Por cada palacio que veo edificar en la capital, me parece ver derrumbarse todo un país.

CAPÍTULO 14
Continuación

Desde el instante en que el pueblo está legítimamente reunido en cuerpo soberano, cesa toda jurisdicción del gobierno, se suspende el poder ejecutivo y la persona del último ciudadano es tan sagrada e inviolable como la del primer magistrado, porque donde se encuentra el representado, deja de haber representante. La mayor parte de los tumultos que estallaron en Roma en los comicios se debieron a que se ignoró o se descuidó esta regla. Los cónsules no eran entonces más que los presidentes del pueblo; los tribunos, simples oradores*, el Senado no era absolutamente nada.

Esos intervalos de suspensión en que el príncipe reconoce o debe reconocer un superior, le han parecido siempre temibles y esas asambleas del pueblo, que son la égida del cuerpo político y el freno del gobierno, han sido en todos los tiempos temidas por los jefes: por eso no escatimaban cuidados, objeciones, dificultades o promesas para desanimar a los ciudadanos. Cuando éstos son avaros, cobardes, pusilánimes y prefieren la tranquilidad a la libertad, no soportan mucho tiempo los esfuerzos redoblados del

---

* Aproximadamente, según el significado que se da a este término en el Parlamento de Inglaterra. La semejanza de estos cargos hubiera provocado un conflicto entre los cónsules y los tribunos, aunque toda la jurisdicción hubiese estado suspendida.

gobierno; así, al aumentar la fuerza de resistencia incesantemente, la autoridad soberana acaba por extinguirse y la mayor parte de los Estados cae y perece antes de tiempo.

Pero, entre la autoridad soberana y el gobierno autoritario, se da a veces un poder intermedio del que es preciso hablar.

CAPÍTULO 15
Sobre los diputados o representantes

Tan pronto como el servicio público deja de ser el principal asunto de los ciudadanos y éstos prefieren servir con su bolsillo a hacerlo con su persona, el Estado se halla próximo a su ruina. ¿Hay que ir a la guerra? Pagan tropas y se quedan en casa. ¿Es necesario ir al Consejo? Nombran diputados y se quedan en casa. A fuerza de pereza y de dinero consiguen soldados para esclavizar a la patria y representantes para venderla.

Es el ajetreo del comercio y de las artes, la avidez de ganancia, la indolencia y el gusto por las comodidades lo que induce a cambiar los servicios personales por dinero. Se cede una parte de los beneficios para aumentarlos a placer. Dad dinero y pronto tendréis cadenas. El término *finanzas* es una palabra de esclavos, desconocida en la ciudad-Estado. En un país verdaderamente libre, los ciudadanos hacen todo con sus brazos y nada con dinero: en vez de pagar para eximirse de sus deberes, pagarían por cumplirlos por sí mismos. No comparto las ideas comunes, pues considero que las prestaciones personales atentan menos contra la libertad que los impuestos.

Cuanto mejor constituido está el Estado, más prevalecen los asuntos públicos sobre los privados en el espíritu de los ciudadanos. Incluso hay muchos menos asuntos privados porque siendo la suma de la felicidad común una parte mayor de la felicidad de cada individuo, éstos no necesitan tanto buscarla en los asuntos particulares. En una ciudad bien gobernada, todos acuden presurosos a las asambleas; pero bajo un mal gobierno, nadie quiere dar un paso para asistir a ellas; porque a nadie le interesa lo que allí se hace y porque prevé que la voluntad general no prevalecerá y que, al final, los asuntos domésticos lo absorberán todo. Las buenas leyes inducen a hacer otras mejores; las malas traen consigo otras peores. En el momento en que alguien dice, de los asuntos del Estado, *¿qué me importan?*, el Estado está perdido.

El enfriamiento del amor a la patria, la actividad del interés privado, la gran extensión de los Estados, las conquistas, los abusos del gobierno, han dado pie a la existencia de diputados o representantes del pueblo en las asambleas de la nación. Es lo que, en ciertos países, se ha osado llamar el Tercer Estado. De este modo, el interés particular de dos estamentos figura en primer y segundo lugar, mientras que el interés público figura en el tercero.

La soberanía no puede ser representada por la misma razón que no puede ser enajenada; consiste esencialmente en la voluntad general y ésta no puede ser representada: es ella misma o es otra; no hay término medio. Los diputados del pueblo no son, pues, ni pueden ser sus representantes; son sólo sus comisarios; no pueden acordar nada definitivamente. Toda ley no ratificada en persona por el pueblo es nula; no es una ley. El pueblo inglés cree ser libre, pero se equivoca; sólo lo es durante la elección de los miembros del Parlamento; una vez elegidos, se convierte en esclavo, no es nada. En los breves momentos de libertad, el uso que hace de ella merece que la pierda.

La idea de los representantes es moderna: procede del gobierno feudal, de ese inicuo y absurdo gobierno que degrada a la especie humana y que deshonra el término hombre. En las antiguas repúblicas e incluso en las monarquías, el pueblo nunca tuvo representantes; no se conocía esa palabra. Es muy singular que en Roma, donde los tribunos eran tan sagrados, a nadie se le ocurrió pensar que pudiesen usurpar las funciones del pueblo, y que, en medio de una multitud tan grande, no intentasen jamás, por iniciativa propia, que se aprobase un plebiscito. Evalúese, sin embargo, qué confusión causaba algunas veces la multitud por lo que ocurrió en tiempos de los Gracos, en que una parte de los ciudadanos otorgaba su voto desde los tejados.

Donde el derecho y la libertad son todo, los inconvenientes no son nada. Ese pueblo sabio ordenaba todo en su justa medida: dejaba hacer a sus lictores lo que sus tribunos no se hubiesen atrevido a hacer; no temía que sus lictores quisiesen representarle.

Para explicar, sin embargo, cómo los tribunos le representaron a veces, basta pensar cómo el Gobierno representa al soberano. Al no ser la ley más que la declaración de la voluntad general, es evidente que el pueblo no puede estar representado en el poder legislativo; pero puede y debe estarlo en el poder ejecutivo, que no es más que la fuerza aplicada a la ley. De lo que se deduce que, si examináramos bien las cosas, encontraríamos que muy pocas naciones tienen leyes. De cualquier modo, es seguro que los tribunos, al no tener parte alguna en el poder ejecutivo, no pudieron nunca representar al pueblo romano por los derechos de sus cargos; sólo pudieron hacerlo usurpando los del Senado.

Entre los griegos, cuanto tenía que hacer el pueblo lo hacía por sí mismo: estaba constantemente reunido en la plaza. Disfrutaba de un clima suave, no era codicioso, los esclavos hacían los trabajos y su gran preocupación era mantener su libertad. Sin tener ya las mismas ventajas, ¿cómo conservar los mismos derechos? Vuestros climas, más duros, os crean más necesidades*; durante la mitad del año la plaza pública no se puede utilizar; vuestros idiomas sordos no se oyen al aire libre; concedéis más importancia a vuestras ganancias que a vuestra libertad y teméis mucho menos a la esclavitud que a la miseria.

¿No se mantiene la libertad más que gracias a la esclavitud? Puede ser. Los dos extremos se tocan. Todo lo que no está en la naturaleza tiene sus inconvenientes y la sociedad civil tiene más que el resto. Hay situaciones desgraciadas en las que no se puede mantener la libertad más que a expensas de otro y en las que el ciudadano no puede ser perfectamente libre a menos que el esclavo no lo sea en extremo. Tal era la posición de Esparta. Vosotros, pueblos modernos, no tenéis esclavos pero lo sois; pagáis su libertad con la vuestra. Os gusta alabar esta preferencia; yo creo, sin embargo, que hay en ello más cobardía que humanidad.

* Adoptar en los países fríos el lujo y la molicie de los orientales es querer también cargarse con sus cadenas; es someterse a ellas de un modo aún más inevitable que lo están ellos.

No quiero decir con ello que haya que tener esclavos ni que el derecho de esclavitud sea legítimo, puesto que he demostrado lo contrario. Explico solamente las razones por las cuales los pueblos modernos, que se creen libres, tienen representantes y por qué los pueblos antiguos no los tenían. En cualquier caso, en el instante en que un pueblo elige representantes, ya no es libre; ya no existe.

Analizando bien la cuestión, no creo que, actualmente, pueda el soberano conservar en nuestros países el ejercicio de sus derechos salvo que la ciudad sea muy pequeña. ¿Pero si es muy pequeña será subyugada? No. Mostraré a continuación* cómo se puede reunir el poder exterior de un gran pueblo con una vida acomodada y el buen orden de un pequeño Estado.

CAPÍTULO 16
La institución de un gobierno no es un contrato

Una vez firmemente establecido el poder legislativo, se trata de instituir también el poder ejecutivo, que, no teniendo su misma esencia y actuando sólo mediante actos particulares, se halla naturalmente separado de él. Si el soberano, considerado como tal, pudiese detentar el poder ejecutivo, el derecho y el hecho se confundirían, de forma que no se sabría lo que es ley y lo que no lo es, y el

---

* Es lo que me había propuesto hacer en la continuación de esta obra, cuando, al tratar de las relaciones exteriores, hubiese llegado a las confederaciones. Materia completamente nueva, donde los principios deben todavía establecerse.

cuerpo político así desnaturalizado pronto sería víctima de la violencia contra la cual fue instituido.

Al ser todos los ciudadanos iguales por el contrato social, lo que todos deben hacer, todos pueden prescribirlo y nadie tiene derecho a exigir que otro haga lo que él mismo no hace. Ahora bien, es precisamente ese derecho, indispensable para mantener vivo y mover el cuerpo político, el que el soberano entrega al príncipe al instituir el gobierno.

Muchos han pretendido que el acto de esa institución era un contrato entre el pueblo y los jefes que éste se da; contrato mediante el que las dos partes estipulaban las condiciones por las cuales una se comprometía a mandar y la otra a obedecer. ¡Pero estoy seguro de que se me concederá que ésta es una extraña manera de contratar!, sin embargo, veamos si esta opinión es sostenible.

En primer lugar, la autoridad suprema no puede ni cambiarse ni enajenarse, limitarla es destruirla. Es absurdo y contradictorio que el soberano se entregue a un superior; obligarse a obedecer a un amo es ponerse en sus manos teniendo plena libertad.

Además, es evidente que ese contrato del pueblo con tales o cuales personas sería un acto particular; de donde se deduce que no podría ser ni una ley ni un acto de soberanía, y que, por consiguiente, sería ilegítimo.

Se constata también que las partes contratantes estarían entre sí únicamente sometidas a la ley natural y no tendrían ninguna garantía de sus compromisos recíprocos; lo que es absolutamente contrario al estado civil; al ser siempre el dueño de la ejecución el poseedor de la fuerza, el contrato se reduciría al acto por el que un hombre diría a otro: «Le entrego todos mis bienes a condición de que usted me entregue lo que le plazca».

No hay más que un contrato en el Estado, el de asociación, y éste excluye cualquier otro. No es posible imaginar ningún contrato público que no fuese una violación del primero.

CAPÍTULO 17
De la institución del gobierno

¿Cómo se puede concebir el acto por el cual se instituye el gobierno? Señalaré, en primer lugar, que este acto es complejo y está compuesto de otros dos, a saber, el establecimiento de la ley y la ejecución de la ley.

Mediante el primero, el soberano resuelve que habrá un cuerpo de gobierno instituido de tal o cual manera; y es evidente que este acto es una ley.

Mediante el segundo, el pueblo nombra jefes que se encargarán del gobierno establecido. Ahora bien, siendo este nombramiento un acto particular, no es una segunda ley sino solamente una continuación de la primera y una función del gobierno.

La dificultad consiste en comprender cómo puede haber un acto de gobierno antes de que el gobierno exista, y cómo el pueblo, que es soberano o súbdito, puede convertirse en príncipe o magistrado en ciertas circunstancias.

Se trata de una de esas asombrosas propiedades del cuerpo político que le permiten conciliar operaciones contradictorias en apariencia; y que dan lugar a una conversión súbita de la soberanía en democracia; de modo que, sin ningún cambio sensible y solamente por una nueva relación de todos con todos, los ciudadanos, convertidos en magistrados, pasan de los actos generales a los particulares y de la ley a la ejecución.

Este cambio de relación no es una sutileza especulativa que no tenga lugar en la práctica: ocurre todos los días en el Parlamento de Inglaterra, donde la Cámara Baja en ciertas ocasiones se transforma en gran comité para discutir mejor los temas, pasando así de corte soberana que era en el momento precedente, a simple comisión; de esta manera informa como Cámara de los Comunes lo que acaba de reglamentar como gran comité y delibera de nuevo, con un nombre, sobre aquello que ya ha resuelto con otro.

La ventaja de un gobierno democrático consiste en que puede ser instituido de hecho por un simple acto de la voluntad general. Después de lo cual este gobierno provisional se mantiene si ésa es la forma adoptada, o establece, en nombre del soberano, el gobierno prescrito por la ley, y todo se halla de este modo conforme a las normas. No es posible constituir el gobierno de ninguna otra manera legítima sin renunciar a los principios que acabo de establecer.

CAPÍTULO 18
Medios para prevenir las usurpaciones del gobierno

De estas aclaraciones se deduce conforme al capítulo 16, que el acto que instituye al Gobierno no es un contrato, sino una ley; que los depositarios del poder ejecutivo no son los amos del pueblo, sino sus oficiales, que pueden ser nombrarlos o destituirlos cuando le plazca, que ellos no tienen que contratar, sino obedecer y que, al hacerse cargo de las funciones que el Estado les impone, no hacen más que cumplir con sus deberes de ciudadanos, sin tener en modo alguno derecho a discutir sobre las condiciones.

Cuando sucede, por lo tanto, que el pueblo instituye un gobierno hereditario, sea un gobierno monárquico elegido en el seno de una familia, sea un gobierno aristocrático nombrado entre los integrantes de un estamento de ciudadanos, no contrae ningún compromiso sino que da una forma provisional a la administración hasta que le plazca ordenarla de otro modo.

Es cierto que estos cambios son siempre peligrosos y que no conviene nunca cambiar el gobierno establecido, salvo cuando resulta incompatible con el bien público; pero esta prevención es una máxima política y no una norma de derecho, y el Estado no está más obligado a entregar la autoridad civil a sus jefes que a entregar la autoridad militar a sus generales.

Es verdad también que en un caso así nunca se observarían con suficiente rigor las formalidades para distinguir un acto regular y legítimo de un tumulto sedicioso, y la voluntad de un pueblo de los clamores de una facción. Pero sobre todo no hay que otorgar al caso odioso más que lo que no se le puede rehusar por derecho, y es también de esta obligación de donde el príncipe saca una gran ventaja para conservar su poder en contra del pueblo, sin que se pueda decir que lo haya usurpado: porque, pareciendo que solamente usa sus derechos, le resulta muy fácil extenderlos e impedir, con el pretexto de la paz pública, las asambleas destinadas a restablecer el orden; de modo que se vale de un silencio que impide que se rompa, o de las irregularidades que hace cometer, para dar por supuesto, en beneficio suyo, el consentimiento de aquéllos a quienes el temor hace callar, y para castigar a los que se atreven a hablar. Así es como los decenviros, que fueron elegidos al principio por un año y después por otro, intentaron retener su poder a perpetuidad, no permitiendo que los comicios se reuniesen; y este sencillo medio es el que han utilizado todos los gobiernos del mundo, una vez revestidos de la fuerza pública, para usurpar, antes o después, la autoridad soberana.

Las asambleas periódicas de las que he hablado antes son adecuadas para prevenir o diferir esta desgracia, sobre todo cuando no tienen necesidad de convocatoria formal: porque entonces el príncipe no puede impedirlas sin declararse abiertamente infractor de las leyes y enemigo del Estado.

La apertura de estas asambleas, cuyo único objetivo es el mantenimiento del pacto social, debe hacerse siempre mediante dos propuestas que no puedan nunca suprimirse y que deben ser votadas por separado:

La primera; *si es deseo del soberano conservar la presente forma de gobierno.*

La segunda; *si el pueblo desea seguir encomendando la administración a los que actualmente se encargan de ello.*

Doy por supuesto aquí lo que creo haber demostrado, a saber, que no hay en el Estado ninguna ley fundamental que no se pueda revocar, ni siquiera el mismo pacto social; porque si todos los ciudadanos se reuniesen para romper ese pacto de común acuerdo, no hay duda que estaría legítimamente roto. Grocio piensa incluso que cada uno puede renunciar al Estado de que es miembro y recobrar su libertad natural y sus bienes, saliendo del país*. Ahora bien, sería absurdo que todos los ciudadanos, reunidos, no pudiesen hacer lo que es factible a cada uno de ellos por separado.

* Siempre, claro está, que no sea para eludir su deber y librarse de servir a la patria en el momento en que tiene necesidad de nosotros. La huida en ese caso sería criminal y condenable; no sería entonces una retirada, sino una deserción.

Libro IV

CAPÍTULO I
La voluntad general es indestructible

Mientras varios hombres reunidos se consideran a sí mismos un solo cuerpo, no tienen más que una voluntad que se corresponde con la conservación común y el bienestar general. Entonces, todos los resortes del Estado son vigorosos y sencillos; sus máximas son claras y luminosas; no tienen intereses embrollados, contradictorios; el bien común se revela en todo con claridad y no exige para ser percibido más que sentido común. La paz, la unión, la igualdad son enemigos de las sutilezas políticas. A los hombres rectos y sencillos se les engaña difícilmente a causa de su sencillez; los ardides, los pretextos sutiles, no les infunden respeto; no son ni siquiera lo bastante finos para ser engañados. Cuando en la nación más feliz del mundo se ve a grupos de campesinos resolver los asuntos del Estado bajo una encina y conducirse siempre con acierto, ¿puede uno evitar despreciar los refinamientos de las demás naciones que se hacen ilustres y miserables con tanto arte y misterio?

Un Estado gobernado de este modo necesita muy pocas leyes y, a medida que se hace necesario promulgar algunas, esta necesidad se percibe universalmente. El primero que las propone no hace más que decir lo que todos han sentido, y no es cuestión, pues, ni de intrigas ni de elocuencia el convertir en ley lo que cada uno ha resuelto hacer, tan pronto como esté seguro de que los demás lo harán también.

Lo que confunde y asombra a los razonadores es que, no viendo más que Estados mal constituidos desde su origen, sea imposible mantener en ellos un orden semejante. Se ríen al imaginar todas las tonterías que haría cometer al pueblo de París o de Londres un pícaro hábil, un charlatán sugerente. No saben que Cromwell hubiese sido condenado por el pueblo de Berna y el duque de Beaufort por los genoveses.

Pero cuando el vínculo social comienza a aflojarse y el Estado a debilitarse, cuando los intereses particulares empiezan a adquirir fuerza y las pequeñas sociedades a influir sobre la grande, el interés común se altera y encuentra oponentes; ya no reina la unanimidad en las votaciones; la voluntad general deja de ser la voluntad de todos; surgen contradicciones, debates y la mejor opinión no se acepta sin discusión.

Finalmente, cuando el Estado, próximo a su ruina, sólo subsiste bajo una fórmula ilusoria y vana; cuando el vínculo social se ha roto en todos los corazones; cuando el más vil interés se ampara descaradamente bajo el nombre sagrado del bien público, entonces la voluntad general enmudece y todos, guiados por motivos secretos, dejan de opinar ya como ciudadanos, como si el Estado no hubiese existido jamás, y se aceptan falsamente como leyes decretos inicuos que no tienen más finalidad que el interés particular.

¿Se sigue de todo esto que la voluntad general esté aniquilada o corrompida? No, es siempre constante, inalterable y pura; pero está subordinada a otras que prevalecen sobre ella. Cada uno, al separar su interés del interés común, observa que no puede separarlo por completo; pero su parte del mal público no le parece nada comparada con el bien exclusivo del que pretende apropiarse. Exceptuando este bien particular, quiere el bien general por su propio interés más fuertemente que ningún otro. Aun vendiendo su voto por dinero, no extingue en sí la voluntad general, la elude. La falta que comete consiste en cambiar la pregunta y en contestar otra cosa a lo que se le inquiere; de modo que, en vez de decir con su voto, *es ventajoso para el Estado,* dice, *es ventajoso para tal hombre o para tal partido que tal o cual opinión se acepte.* Así, la ley de orden público en las asambleas no consiste tanto en mantener la voluntad general como en hacer que se la interrogue siempre y que responda siempre.

Tendría muchas reflexiones que hacer aquí sobre el simple derecho de voto en todo acto de soberanía: derecho que nadie puede usurpar a los ciudadanos, así como sobre el de opinar, proponer, dividir, discutir que el gobierno tiene siempre buen cuidado de no dejar más que a sus miembros; pero este importante tema exigiría otro tratado y no puedo decirlo todo en éste.

CAPÍTULO 2
Sobre las votaciones

Se deduce, por el capítulo precedente, que la manera de tratar los asuntos generales puede dar un indicio, bastante seguro, del estado actual de las costumbres y de la salud del cuerpo político. Mientras más armonía reine en las asambleas, es decir, mientras más se acerquen las opiniones a la unanimidad, más dominará la voluntad general; por el contrario los debates largos, las discusiones, el tumulto, anuncian el predominio de los intereses particulares y la decadencia del Estado.

Esto parece menos evidente cuando en su constitución hay dos o más grupos sociales, como los patricios y los plebeyos en Roma, cuyos conflictos turbaron fuertemente los comicios, incluso en los más gloriosos tiempos de la República; pero esta excepción es más aparente que real; porque entonces, debido al vicio inherente al cuerpo político, se puede decir que existían dos Estados en uno; lo que no es verdad de los dos juntos, es verdad de cada uno por separado. En efecto, hasta en los tiempos más agitados, los plebiscitos del pueblo, cuando el Senado no intervenía en ellos, transcurrieron siempre tranquilamente y con una gran participación: no teniendo los ciudadanos más que un interés, el pueblo no tenía más que una voluntad.

En el otro extremo del círculo resurge la unanimidad. Es cuando los ciudadanos, reducidos a siervos, no tienen ya ni libertad ni voluntad. Entonces el temor y la adulación convierten las votaciones en aclamaciones; ya no se delibera, se aclama o se maldice. Tal era la vil manera en que el Senado daba su opinión en tiempos de los emperadores. Algunas veces esto se hacía con precauciones ridículas: Tácito cuenta que, con Otón, los senadores colmaban a Vitellius de execraciones, haciendo a la vez un ruido espantoso, de manera que, si por casualidad se convertía en su señor, no pudiese saber lo que cada uno de ellos había dicho.

De estas diversas consideraciones nacen las máximas que se deben seguir para contar los votos y comparar las opiniones, según que la voluntad general sea más o menos fácil de conocer y el Estado más o menos debilitado.

No hay más que una sola ley que por su naturaleza exija un consentimiento unánime. Es el pacto social, porque la asociación civil es el acto del mundo más voluntario; habiendo nacido todo hombre libre y dueño de sí mismo, nadie puede, bajo ningún pretexto, someterle sin su consentimiento. Decidir que el hijo de una esclava nazca esclavo es decidir que no nazca hombre.

En consecuencia, si hay oponentes al pacto social, su oposición no invalida el contrato, impide solamente que entren a formar parte del mismo; son extranjeros entre los ciudadanos. Cuando el Estado se ha constituido, el consentimiento se manifiesta en la residencia; habitar el territorio es someterse a la soberanía*.

Con excepción de este contrato primitivo, el voto de la mayoría obliga siempre a todos los demás; es una consecuencia del contrato mismo. ¿Pero se inquiere cómo un hombre puede ser libre y al mismo tiempo estar obligado a aceptar voluntades ajenas y cómo los que se oponen son libres, a pesar de estar sometidos a leyes a las que no han dado su consentimiento?

Respondo que la cuestión está mal planteada. El ciudadano acata todas las leyes, incluso aquéllas que han sido

* Esto debe siempre entenderse respecto de un Estado libre; porque, por lo demás, la familia, los bienes, la falta de asilo, la necesidad, la violencia, pueden retener a un habitante en el país a pesar suyo, y en ese caso la mera residencia no implica ni aceptación del contrato, ni violación del mismo.

aprobadas a pesar suyo y que le castigan cuando se atreve a violar alguna. La voluntad constante de todos los miembros del Estado es la voluntad general; gracias a ella son ciudadanos y son libres*. Cuando se propone una ley en la asamblea del pueblo, lo que se les pregunta no es si aprueban la propuesta o si la rechazan, sino si está conforme o no con la voluntad general que es la suya; cada uno, al dar su voto, da su opinión al respecto y del cálculo de votos se extrae la declaración de la voluntad general. En consecuencia, cuando la opinión contraria a la mía se impone, eso sólo demuestra que yo me había equivocado y que lo que yo consideraba como voluntad general no lo era. Si mi opinión particular hubiese triunfado, habría hecho algo que no quería; entonces es cuando no hubiese sido libre.

Esto significa, es cierto, que la voluntad general coincide aún con la de la mayoría: cuando dejan de coincidir, cualquiera que sea el partido que se tome, ya no hay libertad.

Al mostrar más arriba cómo se sustituían las voluntades particulares a la voluntad general en las deliberaciones públicas, he indicado suficientemente los medios factibles para evitar este abuso; y hablaré de ello más adelante. Respecto al número proporcional de votos que se necesitan para declarar esta voluntad, he expuesto también los principios sobre los que se puede establecer. La diferencia

---

* En Génova se puede leer delante de las prisiones y en los hierros de las galeras la palabra *libertas*. Este uso de la divisa es hermoso y justo. En efecto, sólo los malhechores de todas las condiciones impiden al ciudadano ser libre. En un país en que toda esa gente estuviese en galeras, se gozaría de la más perfecta libertad.

de un solo voto rompe la igualdad, un solo oponente rompe la unanimidad; pero entre la unanimidad y la igualdad hay muchos tipos de proporciones desiguales, y en cada caso se puede fijar dicho número según la situación y las necesidades del cuerpo político.

Dos máximas generales pueden servir para regular estas relaciones: una, que cuanto más importantes y graves son las deliberaciones, más debe aproximarse a la unanimidad la opinión dominante; la otra, que cuanta más rapidez exija el asunto a debate, más estrecha debe ser la diferencia entre las opiniones; en los debates que exigen decisiones inmediatas, la simple mayoría por un solo voto debe bastar. La primera de estas máximas parece más favorable a las leyes y la segunda a los restantes asuntos. De cualquier modo, es combinándolas como la mayoría puede pronunciarse mejor en un sentido o en otro.

CAPÍTULO 3
Sobre las elecciones

Respecto a las elecciones del príncipe y de los magistrados, que son, como he dicho, actos complejos, se puede proceder de dos maneras; a saber, por elección o por sorteo. Ambas maneras han sido empleadas en diversas repúblicas y se puede observar aún hoy una mezcla muy complicada de las dos en la elección del Dogo de Venecia.

«El sufragio por sorteo», dice Montesquieu, «es propio de la democracia.» Estoy de acuerdo; ¿pero por qué? «El sorteo», continúa, «es una manera de elegir que no atenta contra nadie; deja a cada ciudadano una esperanza razonable de servir a la patria.» Éstas no son razones.

Si se observa que la elección de los jefes es una función del gobierno y no de la soberanía, se comprenderá por qué el procedimiento del sorteo es más adecuado para la democracia, donde la administración es tanto mejor cuanto menos frecuentes son los actos.

En toda verdadera democracia, la magistratura no es ninguna ventaja sino una carga onerosa, que no se puede imponer con justicia a un particular más que a otro. Sólo la ley puede imponer esta carga sobre aquél en quien recaiga el azar. Porque en este caso, al ser la condición igual para todos y no dependiendo la elección de ninguna voluntad humana, no hay ninguna aplicación particular que altere la universalidad de la ley.

En la aristocracia, el príncipe elige al príncipe y el gobierno se conserva por sí mismo, y así es como los votos están bien otorgados.

El ejemplo de la elección del Dogo de Venecia confirma esta distinción en lugar de desmentirla: esta forma mixta conviene a un gobierno mixto. Porque es un error tomar al gobierno de Venecia por una verdadera aristocracia. Aun cuando el pueblo no tome parte en el gobierno, la nobleza misma es el pueblo. Muchos pobres Barnabotes nunca tuvieron acceso a ninguna magistratura, y su nobleza sólo les proporcionó el vano título de excelencia y el derecho de asistir al Gran Consejo. Pero al ser ese Gran Consejo tan numeroso como nuestro Consejo General en Ginebra, no tienen sus ilustres miembros más privilegios que nuestros simples ciudadanos. Es cierto que, si exceptuamos la extrema disparidad de las dos repúblicas, la burguesía de Ginebra representa exactamente al patriciado veneciano; nuestros nativos y habitantes representan a los habitantes de la ciudad y al pueblo de Venecia; nuestros campesinos representan a los súbditos de tierras arrendadas; en fin, de cualquier forma que consideremos a esta República, haciendo abstracción de su extensión, su gobierno no es más aristocrático que el nuestro. La diferencia consiste en que, al no tener ningún jefe vitalicio, no tenemos la misma necesidad del sorteo.

Las elecciones por sorteo tendrían pocos inconvenientes en una verdadera democracia, en la que al ser todo igual, tanto las costumbres como el talento, los principios como la fortuna, la elección es casi indiferente. Pero ya he dicho que no existe ninguna democracia verdadera.

Cuando la elección y el sorteo se encuentran combinados, la elección debe utilizarse para nombrar a los cargos que exigen capacidades específicas, como los militares; el sorteo es adecuado para aquellas funciones en las que basta el sentido común, la justicia, la integridad, tales como los cargos de la judicatura; porque en un Estado bien constituido estas cualidades son comunes a todos los ciudadanos.

Ni la suerte ni las elecciones ocupan lugar alguno en el gobierno monárquico. Siendo el monarca por derecho el único príncipe y el único magistrado, la elección de sus lugartenientes sólo le compete a él. Cuando el abate de Saint-Pierre proponía multiplicar los consejos del rey de Francia y elegir a sus miembros mediante escrutinio, no era consciente de que lo que proponía era cambiar la forma de gobierno.

Me faltaría hablar de la manera de votar y de contar los votos en la asamblea del pueblo; pero probablemente la historia de la política romana a este respecto explicará mejor que yo las máximas que yo pudiese establecer. No es indigno de un lector juicioso ver un poco en detalle cómo se trataban los asuntos públicos y los particulares en un consejo de doscientos mil hombres.

CAPÍTULO 4
Sobre los comicios romanos

No tenemos vestigios seguros de los primeros tiempos de Roma; es más, es muy posible incluso que la mayoría de lo que se dice sean fábulas*; y en general la parte más instructiva de los anales de los pueblos, que es la historia de su asentamiento, es la que más nos falta. La experiencia nos enseña todos los días las causas que provocan las revoluciones de los imperios; pero, como ya no surgen pueblos, no tenemos más que conjeturas para explicar cómo se han constituido.

Las costumbres que encontramos ya establecidas atestiguan, por lo menos, que dichos usos tuvieron un origen. Entre las tradiciones que se remontan a esos orígenes, las que apoyan las más grandes autoridades y que confirman razones más poderosas, deben considerarse las más seguras. He aquí las máximas que he procurado seguir, al in-

---

* El nombre de *Roma* que, se dice, proviene de *Romulus* es griego y significa *fuerza*; el nombre de *Numa* es también griego y significa *ley*. ¡Qué casualidad que los dos primeros reyes de esta ciudad hayan ya llevado nombres tan acordes con lo que han hecho!

vestigar cómo ejercía su poder supremo el más libre y poderoso pueblo de la tierra.

Después de la fundación de Roma, la República naciente, es decir, el ejército del fundador, formado por albanos, sabinos y extranjeros, fue dividido en tres clases que tomaron el nombre de *tribus*. Cada una de estas tribus fue subdividida en diez curias, y cada curia en decurias, al frente de las cuales se puso a unos jefes llamados *duriones* o *decuriones*.

Además de esto se constituyó, a partir de cada tribu, un cuerpo de cien caballeros, llamado centuria: de donde se deduce que estas divisiones, poco necesarias en una ciudad, no eran al principio más que de tipo militar. Pero parece que un instinto de grandeza impulsaba a la pequeña ciudad de Roma a darse por adelantado una organización adecuada para la capital del mundo.

Esta primera división provocó enseguida un problema. La tribu de los albanos* y la de los sabinos** permanecían siempre en la misma situación, mientras que la de los extranjeros*** crecía sin cesar gracias a la continua ayuda de éstos, de manera que no tardó en sobrepasar a las dos restantes. El remedio que encontró Servio para poner coto a este peligroso abuso consistió en sustituir la división por razas, que abolió, por otra basada en los lugares de la ciudad ocupados por cada tribu. En lugar de tres tribus creó cuatro; cada una de las cuales ocupaba una colina de Roma y llevaba su nombre. De este modo puso remedio a la desigualdad en aquel momento y la previno para el

* Ramnenses.
** Tatienses.
*** Luceres.

porvenir; y, para que esta división no se basara sólo en lugares sino también en hombres, prohibió a los habitantes de un barrio trasladarse a otro, lo que impidió que se confundiesen las razas.

Duplicó también las tres antiguas centurias de caballería y añadió otras doce, pero siempre con la antigua denominación; medio sencillo y juicioso, en virtud del cual acabó por diferenciar el cuerpo de los caballeros, del pueblo, sin que este último se quejase.

A estas cuatro tribus urbanas añadió Servio otras quince, llamadas tribus rústicas porque estaban formadas por los habitantes del campo y repartidas por otros tantos cantones. Más tarde, se crearon otras tantas nuevas y el pueblo romano se encontró finalmente dividido en treinta y cinco tribus, número que perduró hasta el final de la República.

De esta división de las tribus de la ciudad y de las tribus del campo resultó un efecto digno de ser tomado en cuenta, porque no hay otro ejemplo semejante y porque gracias a él Roma pudo a la vez conservar sus costumbres y extender su imperio. Se podría pensar que las tribus urbanas se arrogaron enseguida el poder y los honores y que no tardaron en envilecer a las tribus rústicas: pero fue todo lo contrario. Es conocida la afición de los romanos por la vida campestre. Esta afición procedía del sabio fundador, que conjugó la libertad con los trabajos rústicos y militares y, por decirlo así, relegó a la ciudad las artes, los oficios, las intrigas, la fortuna y la esclavitud.

Así, al vivir en el campo y al cultivar la tierra todos los hombres ilustres de Roma, fue habitual buscar allí el sostén de la República. Al ser esta forma de vida la de los más dignos patricios, fue honrada por todo el mundo; la vida sencilla y laboriosa de los aldeanos fue preferida a la vida ociosa y cobarde de los burgueses de Roma, y aquél que en la ciudad no hubiera sido más que un desgraciado proletario, labrando los campos llegó a ser un ciudadano respetado. No sin razón, decía Varrón, nuestros magnánimos antepasados establecieron en la aldea un plantel de esos hombres robustos y valientes que los defendían en tiempos de guerra y los alimentaban en épocas de paz. Plinio dice elogiosamente que a las tribus del campo se las honraba por los hombres que las componían; mientras que se transfería a las de la ciudad, como signo de ignominia, a los cobardes a quienes se quería envilecer. El sabino Apio Claudio, al establecerse en Roma, fue colmado de honores e inscrito en una tribu rústica que tomó desde entonces el nombre de su familia. Al final, los esclavos liberados entraron todos en las tribus urbanas, nunca en las rurales; y no se encuentra durante toda la República ni un solo ejemplo de liberto que alcanzase alguna magistratura, a pesar de haberse convertido en ciudadano.

Esta máxima era excelente; pero fue llevada tan lejos que al final dio lugar a cambios y a abusos en la organización.

En primer lugar, los censores, después de haberse atribuido durante mucho tiempo el derecho de transferir arbitrariamente a los ciudadanos de una tribu a otra, permitieron a la mayoría inscribirse en la que quisieran; permiso que seguramente no servía para nada y era una de las grandes bazas de la censura. Además, como todos los grandes y poderosos se inscribían en las tribus del campo y como los libertos convertidos en ciudadanos formaban parte, junto con el populacho, de las tribus de la ciudad, las tribus generales se quedaron sin lugar y sin territorio; pero todas ellas se entremezclaron tanto que ya sólo se pudo diferenciar a los miembros de cada tribu por los registros, de modo que el concepto de *tribu* pasó de real a personal o más bien se convirtió casi en una entelequia.

Ocurrió también que las tribus de la ciudad, estando más a mano, tenían más poder en las elecciones y vendieron el Estado a quienes se dignaban comprar los votos de la chusma que las integraba.

Con respecto a las curias, al haber dividido el fundador cada tribu en diez, el pueblo romano en su totalidad, que entonces estaba confinado entre los muros de la ciudad, se encontró integrado por treinta curias, teniendo cada una sus templos, sus dioses, sus oficiales, sus sacerdotes y sus fiestas llamadas *compitalia,* parecidas a las *paganalia* que tuvieron más tarde las tribus del campo.

Al introducir su nueva organización y al no poder repartir las treinta curias entre las cuatro tribus de manera igualitaria, Servio prefirió no tocar nada, de manera que las curias independientes de las tribus se convirtieron en una nueva división de los habitantes de Roma: pero ya no se habló de curias ni en las tribus del campo ni entre el pueblo que las formaba porque, al convertirse las tribus en una institución puramente civil y al haberse establecido otra organización para el reclutamiento de las tropas, las divisiones militares de Rómulo quedaron desfasadas. En consecuencia, aunque cada ciudadano estaba inscrito en una tribu, distaba mucho de estarlo en una curia.

Servio llevó a cabo una tercera división que no tenía ninguna relación con las dos anteriores y que se convirtió, por los efectos que tuvo, en la más importante de todas. Dividió al pueblo romano en seis clases que no diferenció ni por el territorio ni por los hombres, sino por los bienes: de forma que las primeras clases estaban integradas por los ricos y las últimas por los pobres, mientras que las clases medias estaban formadas por aquellos que poseían fortunas medianas. Estas cuatro clases se subdividían en 193 cuerpos denominados centurias y estos cuerpos se hallaban distribuidos de tal modo que la primera clase englobaba por sí sola a más de la mitad y la última solamente a uno. De esta forma resultaba que la clase menos numerosa en hombres era la más numerosa en centurias, y que la última clase no contaba más que como una subdivisión, aun estando formada por más de la mitad de los habitantes de Roma.

Para que el pueblo no se diese cuenta de las consecuencias de esta última reforma, Servio trató de otorgarle un aspecto militar: incluyó en la segunda clase dos centurias de armeros y dos de instrumentos de guerra en la cuarta: en cada clase, excepto en la última, diferenció a los jóvenes de los viejos, es decir, a los que estaban obligados a portar armas de aquéllos que, por su edad, estaban exentos según las leyes; distinción que, más que la de los bienes, obligaba a rehacer con frecuencia el censo o empadronamiento; finalmente, quiso que la asamblea se congregase en el campo de Marte y que todos aquellos que estuviesen en edad de servir acudiesen con sus armas.

La razón por la cual no mantuvo esta misma separación entre jóvenes y viejos en la última clase es porque no se concedía al populacho que la formaba el honor de portar armas por la patria; era preciso tener un hogar para obtener el derecho a defenderlo. Hoy los ejércitos de los reyes están formados por innumerables tropas de mendigos que hubieran sido arrojados con desdén de una cohorte romana, cuando los soldados eran los defensores de la libertad.

En la última clase se diferenció, sin embargo, a los *proletarios* de aquellos a quienes se llamaba *capite censi*. Los primeros, que no estaban reducidos por completo a la indigencia, daban, al menos, ciudadanos al Estado e incluso soldados en momentos apremiantes. En cuanto a los que carecían absolutamente de todo y no se les podía empadronar más que por cabezas, eran considerados nulos, siendo Mario el primero que se dignó alistarlos.

Sin juzgar aquí si este tercer empadronamiento era bueno o malo por sí mismo, creo poder afirmar que sólo las costumbres sencillas de los primeros romanos, su desinterés, su amor por la agricultura, su desprecio por el comercio y por la avidez de las ganancias, podían hacerlo factible. ¿Qué pueblo moderno carece de la codicia devoradora, de la inquietud de espíritu, de las intrigas, de los viajes continuos, de los incesantes cambios de fortuna, y puede mantener durante veinte años una organización semejante sin transformar todo el Estado? Es necesario destacar que las costumbres y la censura, más fuertes que la propia institución, corrigieron sus vicios en Roma, y que hubo ricos que se vieron relegados a las clases de los pobres por haber ostentado demasiado su riqueza.

De todo ello se puede deducir fácilmente por qué no se hace mención casi nunca más que de cinco clases, aunque realmente hubo seis. La sexta, como no proporcionaba ni soldados al ejército ni votantes al campo de Marte*, y como además era de muy poca utilidad para la República, rara vez era tenida en cuenta para algo.

Ésas fueron las diferentes divisiones del pueblo romano. Veamos ahora el efecto que producían en las asambleas. Esas asambleas convocadas legítimamente se llamaban *comicios;* tenían lugar generalmente en la plaza de Roma o en el campo de Marte, y se diferenciaban en comicios por curias, comicios por centurias y comicios por tribus, según cuál de estas tres formas fuese utilizada para convocarlas. Los comicios por curias habían sido instituidos por Rómulo, los de centurias por Servio, y los de tribus por los tribunos del pueblo. Ninguna ley recibía sanción y ningún magistrado era elegido salvo en los comicios, y como no había ningún ciudadano que no estuviese inscrito en una curia, en una centuria o en una tribu, se deduce que ningún ciudadano estaba excluido del derecho de voto y que el pueblo romano era verdaderamente soberano, de derecho y de hecho.

Para que los comicios fuesen legítimamente convocados y lo que en ellos se hiciese tuviese fuerza de ley, hacían falta tres condiciones: primera, que el cuerpo o magistrado que los convocase estuviese revestido de la autoridad necesaria para ello; segunda, que la asamblea se reuniese uno de los días fijados por ley, y tercera, que los augurios fuesen favorables.

*Digo en el *campo de Marte* porque era allí donde se reunían los comicios por centurias; en las otras dos formas, el pueblo se reunía en el *forum* o en alguna otra parte, y entonces los *capite censi* tenían tanta influencia y autoridad como los primeros ciudadanos.

La razón de la primera regla no necesita explicación. La segunda es una cuestión de orden; así, por ejemplo, no estaba permitido celebrar los comicios los días de feria y de mercado porque la gente del campo, que venía a Roma para sus asuntos, no tenía tiempo de pasar el día en la plaza pública. Mediante la tercera, el Senado tenía controlado a un pueblo orgulloso e inquieto, y moderaba el ardor de los tribunos sediciosos; pero éstos encontraron más de un medio para librarse de esta traba.

Las leyes y la elección de los jefes no eran los únicos asuntos sometidos al juicio de los comicios: habiendo usurpado el pueblo romano las funciones más importantes del gobierno, se puede decir que la suerte de Europa se libraba en sus asambleas. Esta variedad de temas determinaba las diversas formas que tomaban las asambleas, según las materias sobre las que tenían que pronunciarse.

Para establecer un juicio sobre estas diversas formas, basta compararlas. Rómulo, al instituir las curias, buscaba dominar al Senado a través del pueblo y al pueblo a través del Senado, dominando así a todos. En consecuencia, otorgó al pueblo, gracias a esta organización, toda la autoridad que conlleva el número con el fin de contrarrestar la autoridad del poder y de las riquezas que dejaba a los patricios. Pero, conforme al espíritu de la monarquía, concedió, sin embargo, más ventajas a los patricios por la influencia que sus clientes ejercían sobre la mayoría de los votos. Esta admirable institución de los patronos y de los clientes fue una obra maestra de política y de humanidad, sin la cual el patriciado, tan contrario al espíritu de la República, no hubiera podido subsistir. Sólo Roma ha tenido el honor de dar al mundo este hermoso ejemplo, del que nunca resultó abuso alguno, y que, sin embargo, jamás ha sido seguido.

Al haber subsistido esta organización de las curias bajo los Reyes hasta Servio, y al no ser considerado legítimo el reinado del último Tarquino, las leyes reales se diferenciaron por lo general bajo el nombre de *leges curiatae*.

Bajo la República, las curias, limitadas siempre a las cuatro tribus urbanas y no abarcando más que al populacho de Roma, no podían ser convenientes ni para el Senado que encabezaba a los patricios, ni para los tribunos, que, aun siendo plebeyos, se hallaban al frente de los ciudadanos acomodados. Cayeron, pues, en el descrédito, y su envilecimiento fue tal que sus treinta lictores reunidos hacían lo que los comicios por curias hubieran debido hacer.

La división por centurias era tan favorable a la aristocracia que no se comprende, al principio, cómo el Senado no controlaba siempre los comicios que llevaban ese nombre, y que elegían a los cónsules, los censores y los demás magistrados curiales. En efecto, de ciento noventa y tres centurias que formaban las seis clases del pueblo romano, la primera clase comprendía noventa y ocho y como los votos no se contaban más que por centurias, sólo esta primera clase tenía mayor número de votos que todas las restantes. Aunque todas estas centurias estuviesen de acuerdo, ni siquiera se seguían recogiendo los votos; lo que había decidido un pequeño número se tomaba por una decisión de la multitud, y se puede decir que en los comicios por centurias los asuntos se decidían más por la cantidad de escudos que por la de votos.

Pero esta autoridad tan considerable se atenuaba de dos maneras. En primer lugar, al pertenecer por lo general los tribunos así como muchos plebeyos a la clase de los ricos, equilibraban el poder que tenían los patricios en esta primera clase.

El segundo medio consistía en lo siguiente: en vez de iniciar la votación de las centurias por orden, lo que habría supuesto comenzar siempre por la primera, se sacaba una por sorteo y ésta* procedía sola a la votación; después de lo cual todas las centurias, convocadas otro día según su rango, repetían la misma votación y por lo común la confirmaban. Se eliminaba así la influencia que pudiese tener el rango para dársela a la suerte, según el principio de la democracia.

Se derivaba de esta costumbre otra ventaja más, que los ciudadanos del campo tenían tiempo, entre dos elecciones, de informarse del mérito del candidato nombrado provisionalmente, a fin de dar su voto con conocimiento de causa. Pero, bajo pretexto de celeridad, se acabó por abolir esta costumbre y las dos elecciones se hicieron el mismo día.

Los comicios por tribus eran propiamente el Consejo del pueblo romano. Sólo los convocaban los tribunos; los tribunos eran elegidos allí y llevaban a cabo sus plebiscitos. No solamente el Senado carecía de autoridad, sino que ni siquiera tenía el derecho de asistir; y los senadores, obligados a obedecer leyes que ellos no habían podido votar, eran en este aspecto menos libres que el último de los ciudadanos. Esta injusticia se aceptaba mal y bastaba para invalidar los decretos de un cuerpo en el que no to-

---

* Esa centuria, que se elegía por sorteo de esa manera, se llamaba *prae rogativa* porque era la primera a la que se le pedía el voto y de ahí viene la palabra prerrogativa.

dos sus miembros eran admitidos. Aunque todos los patricios hubiesen asistido a estos comicios por el derecho que tenían como ciudadanos, al concurrir como simples particulares no habrían influido apenas en un tipo de sufragio en el que los votos se recogían por cabeza, y en el que el más insignificante proletario tenía tanto poder como el príncipe del Senado.

Se constata pues que, además del orden que resultaba de estas diversas divisiones para recoger los sufragios de un pueblo tan numeroso, estas distribuciones no eran baladíes, sino que cada una de ellas conllevaba efectos relativos a los objetivos perseguidos que la hacían preferible.

Sin entrar en más detalles, se deduce de las aclaraciones precedentes que los comicios por tribus eran los más favorables para el gobierno popular y que los comicios por centurias lo eran para la aristocracia. Respecto a los comicios por curias, en que el populacho de Roma formaba la mayoría, como no servían sino para favorecer la tiranía y los malos propósitos, cayeron en el descrédito, absteniéndose incluso los sediciosos de utilizar un medio que ponía demasiado al descubierto sus propósitos. Es evidente que toda la majestad del pueblo romano se encontraba en los comicios por centurias, los únicos que eran completos; mientras que en los comicios por curias faltaban las tribus rústicas y en los comicios por tribus, el Senado y los patricios.

En cuanto a la manera de recoger los sufragios, entre los primeros romanos era tan sencilla como sus costumbres, aunque no tanto como en Esparta. Cada uno votaba en voz alta y un escribano iba anotando los votos; la mayoría de votos en cada tribu determinaba el sufragio de la tribu; la mayoría de votos entre las tribus determinaba el sufragio del pueblo, y lo mismo en las curias y en las centurias. Ésta fue una buena costumbre mientras los ciudadanos fueron honrados y sentían vergüenza de votar a favor de una opinión injusta o de un asunto indigno; pero cuando el pueblo se corrompió y se compraron los votos, se acordó que el sufragio fuese secreto para evitar su compra y para proporcionar a los pillos una salida para no convertirse en traidores.

Sé que Cicerón censura este cambio y le atribuye en parte la ruina de la República. Pero, aunque reconozco el peso que debe tener en este asunto la autoridad de Cicerón, no puedo estar de acuerdo. Creo, por el contrario, que la destrucción del Estado se aceleró por no haberse hecho suficientes cambios de este tipo. Del mismo modo que el régimen de las personas sanas no es conveniente para los enfermos, no se debe querer gobernar a un pueblo corrompido con las mismas leyes con las que se gobierna a un pueblo honrado. Nada prueba mejor esta máxima que la duración de la República de Venecia, cuyo simulacro aún existe, sólo porque sus leyes no convienen más que a hombres malvados.

Se distribuyeron, pues, entre los ciudadanos unas tablillas mediante las cuales cada uno podía votar sin que se supiese cuál era su opinión; se establecieron también nuevas formalidades para recoger las tablillas, para el recuento de los votos, para la comparación de los números, etc. Lo que no impidió que la fidelidad de los oficiales encargados de estas funciones* fuese con frecuencia sospecho-

---

* *Custodes, Diribitores, Rogatores suffragiorum.*

sa. Finalmente, para impedir las intrigas y el tráfico de sufragios, se decretaron edictos cuyo gran número demostró su inutilidad.

En los últimos tiempos fue necesario recurrir muchas veces a expedientes extraordinarios para suplir la insuficiencia de las leyes. En ocasiones se hablaba de prodigios; pero este medio, aunque podía infundir respeto al pueblo, no infundía respeto a los que le gobernaban; otras veces se convocaba bruscamente una asamblea antes de que los candidatos tuviesen tiempo para preparar sus intrigas; a veces se perdía una sesión entera hablando, al ver al pueblo dispuesto a adoptar una mala decisión. Pero, finalmente, la ambición lo esquivó todo; y lo que es increíble es que, en medio de tanto abuso, este pueblo inmenso, con sus antiguas normas, seguía eligiendo a sus magistrados, aprobaba las leyes, juzgaba casos, despachaba los asuntos particulares y los públicos, casi con tanta facilidad como lo hubiese podido hacer el mismo Senado.

CAPÍTULO 5
Sobre el tribunado

Cuando no es posible establecer una proporción exacta entre las partes constitutivas del Estado, o cuando causas indestructibles alteran sin cesar las relaciones, entonces se instituye una magistratura particular que no forma un cuerpo con las demás, y que coloca nuevamente cada término en su verdadera relación estableciendo un enlace o término medio, bien entre el príncipe y el pueblo, bien entre el príncipe y el soberano, o bien entre ambas partes a la vez cuando es necesario.

Este cuerpo, que llamaré *tribunado,* es el que conserva las leyes y el poder legislativo. Sirve algunas veces para proteger al soberano contra el gobierno, como hacían en Roma los tribunos del pueblo, otras veces sirve para sostener al gobierno contra el pueblo, como hace ahora en Venecia el Consejo de los Diez, y en otras ocasiones, sirve para mantener el equilibrio entre ambos, como hacían los éforos en Esparta.

El tribunado no es una parte constitutiva del Estado, y no debe intervenir de modo alguno en el poder legislativo ni en el poder ejecutivo, pero, por esto mismo su poder es mayor porque, no pudiendo hacer nada, puede impedirlo todo. Es más sagrado y se le reverencia más como defensor de las leyes que al príncipe que las ejecuta y que al soberano que las elabora. Esto se vio claramente en Roma cuando esos fieros patricios, que despreciaron siempre al pueblo en su totalidad, fueron obligados a doblegarse ante un simple funcionario de éste, que no tenía ni auspicios ni jurisdicción.

El tribunado sabiamente moderado es el más firme apoyo de una buena constitución; pero, por poca fuerza que tenga en exceso, lo trastoca todo; con respecto a la debilidad, ésta no figura en su naturaleza y, con tal que sea algo, nunca es menos de lo que es preciso que sea. Degenera en tiranía cuando usurpa el poder ejecutivo del que sólo es el moderador, y cuando quiere eximir de las leyes que sólo debe proteger. El enorme poder de los éforos, que no constituyó peligro alguno mientras Esparta conservó sus costumbres, aceleró la corrupción una vez comenzada. La sangre de Agis, degollado por estos tiranos, fue vengada por su sucesor; el crimen y el castigo de los éforos aceleraron también la destrucción de la República, y después de Cleómenes, Esparta ya no fue nada. Roma pereció también por seguir el mismo camino y el poder excesivo de los tribunos, usurpado gradualmente, sirvió finalmente, con la ayuda de leyes hechas para proteger la libertad, para defender a los emperadores que la destruyeron. En cuanto al Consejo de los Diez de Venecia es un tribunal de sangre tan horrible para los patricios como para el pueblo, que, en vez de proteger abiertamente las leyes, sólo sirve ya, después de su envilecimiento, para dar los golpes en mitad de las tinieblas sin que nadie pueda advertirlo.

El tribunado se debilita, como el gobierno, por la multiplicación de sus miembros. Cuando los tribunos del pueblo romano, al principio en número de dos y después de cinco, quisieron duplicar este número, el Senado se lo permitió, convencido de poder contener a los unos por medio de los otros; lo que efectivamente ocurrió.

El mejor medio de prevenir las usurpaciones de tan temible cuerpo, medio que ningún gobierno ha advertido hasta ahora, sería evitar que este cuerpo fuese permanente y regular los intervalos durante los cuales permanecería suprimido. Estos intervalos, que no deberían ser tan grandes como para dar tiempo a que los abusos se consolidasen, pueden ser fijados por ley, de manera que resulte fácil reducirlos, en caso de necesidad, mediante comisiones extraordinarias.

Creo que este medio no ofrece inconveniente alguno, porque al no formar parte el tribunado de la constitución, como ya he dicho, puede ser eliminado sin que ésta sufra por ello; y me parece eficaz, porque un magistrado nuevamente restablecido no parte del poder que tenía su predecesor, sino del que la ley le da.

CAPÍTULO 6
Sobre la dictadura

La inflexibilidad de las leyes, que las impide plegarse a los acontecimientos, puede, en ciertos casos, convertirlas en perniciosas y causar la destrucción del Estado en sus crisis. El orden y la lentitud de las formas requieren un tiempo que las circunstancias niegan algunas veces. Pueden presentarse mil casos que el legislador no ha previsto, y es una previsión muy necesaria comprender que no se puede prever todo.

No hay que pretender consolidar las instituciones políticas hasta el punto de negarse el poder de suspender su efecto. Incluso Esparta dejó en suspenso sus leyes.

Pero sólo los mayores peligros pueden compensar la alteración del orden público, y no hay que paralizar el poder sagrado de las leyes más que cuando se trata de la salvación de la patria. En estos casos raros y manifiestos se atiende a la seguridad pública mediante un acto particular, que confía el cargo al más digno. Este encargo puede otorgarse de dos maneras, según la índole del peligro.

Si, para remediarlo, basta con aumentar la actividad del gobierno, se concentra ésta en uno o dos de sus miembros; de este modo, no se altera la autoridad de las leyes sino solamente la forma de su administración. Pero si el peligro es tal que el aparato de las leyes es un obstáculo para su garantía, entonces se nombra un jefe supremo que haga callar todas las leyes y suspenda durante un tiempo la autoridad soberana; en tal caso, la voluntad general no es dudosa y es evidente que la primera intención del pueblo consiste en que el Estado no perezca. De este modo, la suspensión de la autoridad legislativa no la deroga; el magistrado que la hace callar no puede hacerla hablar; la domina sin poder representarla; puede hacer todo, excepto leyes.

El primer medio lo empleaba el Senado romano cuando encargaba a los cónsules, mediante una fórmula consagrada, velar por la salvación de la República; el segundo tenía lugar cuando uno de los dos cónsules nombraba un dictador*, costumbre que Alba introdujo en Roma.

En los comienzos de la República se recurrió con mucha frecuencia a la dictadura, porque el Estado no tenía aún una base bastante sólida como para sostenerse mediante la fuerza de su constitución. Al hacer superfluas las costumbres muchas precauciones que hubiesen sido necesarias en otro tiempo, no se temía ni que un dictador abusase de su autoridad ni que intentase retenerla cumplido el plazo. Parecía, por el contrario, que un poder tan grande era una carga para aquél que lo ostentaba, a juzgar por la prisa con que trataba de deshacerse de él; como si ocupar el lugar de las leyes fuese un cargo demasiado penoso y peligroso.

De modo que no es el peligro del abuso, sino del envilecimiento, el que obliga a censurar el uso indiscreto que

---

* Este nombramiento se hacía de noche y en secreto, como si se sintiese vergüenza por poner a un hombre por encima de las leyes.

se hizo de esta suprema magistratura en los primeros tiempos. Porque al multiplicarse las elecciones, las dedicatorias, las cosas puramente formales, era de temer que, en caso de necesidad, se convirtiese en poco temible y que el pueblo se acostumbrase a mirar como algo inútil lo que sólo se empleaba en vanas ceremonias.

Hacia el final de la República, los romanos, que habían llegado a ser más circunspectos, limitaron injustificadamente el uso de la dictadura del mismo modo que antes la habían prodigado. Era fácil ver que su temor no estaba fundado, que la debilidad de la capital constituía entonces su seguridad contra los magistrados que abrigaba en su seno, que un dictador podía en ciertos casos defender la libertad pública sin poder atentar nunca contra ella, y que las cadenas de Roma no se forjarían en la misma Roma, sino en sus ejércitos: la débil resistencia que opuso Mario a Sila y Pompeyo a César es una buena prueba de lo que se podía esperar de la autoridad del interior frente a la fuerza del exterior.

Este error les hizo cometer faltas graves como, por ejemplo, no haber nombrado un dictador en el asunto de Catilina; porque, como sólo se trataba del interior de la ciudad y, como mucho de alguna provincia de Italia, con la autoridad sin límites que las leyes otorgaban al dictador, se hubiera podido fácilmente acabar con la conjura que fue ahogada únicamente gracias a un cúmulo de circunstancias oportunas con las que la prudencia humana no debe nunca contar.

En lugar de esto, el Senado se contentó con ceder todo su poder a los cónsules; por lo cual Cicerón, para actuar con eficacia, se vio obligado a trascender ese poder en un punto capital y si, con los primeros transportes de júbilo, se aprobó su conducta, más tarde se le exigió con toda justicia que rindiera cuenta de la sangre vertida por los ciudadanos contra las leyes; reproche que no se le hubiera podido hacer a un dictador. Sin embargo, la elocuencia del cónsul arrasó con todo; y él mismo, aun siendo romano, amaba más su prestigio que su patria y perseguía más en este asunto* la gloria que el medio más legítimo y seguro de salvar al Estado. Así, fue honrado con justicia como libertador de Roma y castigado, con igual justicia, por infringir las leyes. Por muy brillante que haya sido su revocación, es obvio que se trató de una gracia.

Por lo demás, de cualquier modo en que se confiera esta importante comisión, es necesario limitar su duración a un tiempo muy breve que no se pueda prorrogar; en las crisis que obligan a establecerla, el Estado queda destruido o salvado enseguida y, en cuanto desaparece la necesidad urgente, la dictadura se convierte en tiránica o inútil. Al no ser nombrados los dictadores en Roma por más de seis meses, la mayoría abdicó antes. Si el plazo hubiera sido más largo, tal vez hubieran tenido la tentación de prolongarlo, como hicieron los decenviros con el de un año. El dictador no disponía de más tiempo que el preciso para resolver el tema para el que había sido elegido, no tenía tiempo para pensar en otros proyectos.

---

* Esto es lo que no podía garantizar al proponer un dictador, no atreviéndose a nombrarse a sí mismo y no pudiendo estar seguro de que su colega le nombraría.

CAPÍTULO 7
Sobre la censura

De la misma manera que la declaración de la voluntad general se manifiesta a través de la ley, la declaración del juicio público se manifiesta mediante la censura; la opinión pública es una especie de ley de la que el censor es el ministro, que no hace más que aplicarla a los casos particulares, siguiendo el ejemplo del príncipe.

En lugar de ser el tribunal censorial el árbitro de la opinión del pueblo, sólo es el que la declara y, tan pronto como se aparta de ella, sus decisiones son vanas y sin efecto.

Es inútil distinguir las costumbres de una nación de los objetos que estima, porque todos ellos se refieren al mismo principio y se confunden necesariamente. En todos los pueblos del mundo no es la naturaleza, sino la opinión, la que determina la elección de sus placeres. Corregid las opiniones de los hombres y sus costumbres se depurarán por sí mismas. Se ama siempre lo que es hermoso o lo que se considera como tal; pero en este juicio se yerra; es, en consecuencia, este juicio el que se debe corregir. Quien juzga las costumbres, juzga el honor, y quien juzga el honor, toma su ley de la opinión.

Las opiniones de un pueblo nacen de su constitución; aunque la ley no regula las costumbres, es la legislación la que las hace nacer; cuando la legislación se debilita, las costumbres degeneran, pero entonces el fallo de los censores no conseguirá lo que la fuerza de las leyes no haya conseguido.

Se deduce de esto que la censura puede ser útil para conservar las costumbres, pero nunca para restablecerlas. Estableced censores mientras las leyes tengan fuerza; pero, si éstas la pierden, todo está perdido; nada legítimo tendrá fuerza cuando carecen de ella las leyes.

La censura mantiene las costumbres impidiendo que se corrompan las opiniones, conservando su rectitud mediante sabias aplicaciones y, a veces, hasta fijándolas cuando son todavía débiles. La costumbre de los padrinos en los duelos, llevada hasta el extremo en el reino de Francia, fue abolida gracias a estas pocas palabras de un edicto del rey: «en cuanto a los que tienen la cobardía de buscar padrinos». Este juicio, anticipándose al del público, le determinó de golpe. Pero cuando los mismos edictos quisieron fallar que también era una cobardía batirse en duelo, cosa muy cierta pero contraria a la opinión común, el público se burló de esta decisión, sobre la cual su juicio estaba ya formado.

He dicho en otra parte[*] que, al no estar sometida la opinión pública a la coacción, no era necesario ningún indicio en el tribunal establecido para representarla. Nunca se admirará bastante el arte con que ponían en práctica los romanos, y todavía más los lacedemonios, este resorte que se ha perdido completamente entre los modernos.

Habiendo emitido una opinión buena un hombre de malas costumbres en el Consejo de Esparta, los éforos, sin tenerlo en cuenta, hicieron formular la misma pro-

---

[*] No hago más que indicar en este capítulo lo que ya he tratado más extensamente en la *Carta a M. d'Alembert*.

puesta a un ciudadano virtuoso. ¡Que honor para el uno, qué vergüenza para el otro, sin haber recibido ninguno de los dos palabra alguna de alabanza o de censura! Ciertos borrachos de Samos mancillaron el tribunal de los éforos: al día siguiente, un edicto público permitió a los ciudadanos de Samos ser indignos. Un verdadero castigo hubiese sido menos severo que semejante impunidad. Cuando Esparta se pronunciaba sobre lo que era o no honrado, Grecia no ponía en cuestión sus resoluciones.

CAPÍTULO 8
Sobre la religión civil

Los hombres no tuvieron al principio más reyes que los dioses, ni más gobierno que el teocrático. Hicieron el razonamiento de Calígula, y razonaron correctamente. Es necesario un cambio profundo de sentimientos e ideas para decidirse a aceptar como amo a un semejante y jactarse de que eso es bueno.

Al colocar a Dios a la cabeza de cada sociedad política, resultó que hubo tantos dioses como pueblos. Dos pueblos extranjeros y casi siempre enemigos no pudieron reconocer durante mucho tiempo a un mismo señor: dos ejércitos que se combaten no pueden obedecer al mismo jefe. Así, de las divisiones nacionales resultó el politeísmo y a partir de aquí la intolerancia teológica y civil que naturalmente es la misma, como se demostrará a continuación.

La extravagancia de los griegos, que reconocían a sus dioses entre los de los pueblos bárbaros, se debió a que se consideraban también soberanos naturales de esos pueblos. Pero hoy en día es una erudición muy ridícula el tratar de descubrir la identidad de los dioses de las diversas naciones. ¡Como si Moloch, Saturno y Cronos pudiesen ser el mismo Dios! ¡Como si el Baal de los fenicios, el Zeus de los griegos y el Júpiter de los latinos pudiesen ser el mismo! ¡Como si pudiesen tener algo en común seres quiméricos que llevan diferentes nombres!

Si se me pregunta por qué no había guerras de religión en el paganismo, donde cada Estado tenía su culto y sus dioses, contestaría que era porque cada Estado, al tener un culto y un gobierno propios, no diferenciaba a sus dioses de sus leyes. La guerra política era también teológica: las competencias de los dioses estaban fijadas, por decirlo así, por los límites de las naciones. El Dios de un pueblo no tenía derecho alguno sobre los demás pueblos. Los dioses de los paganos no eran dioses celosos: se repartían entre ellos el imperio del mundo; el mismo Moisés y el pueblo hebreo compartieron a veces esta idea al hablar del Dios de Israel. Consideraban, es cierto, como inexistentes a los dioses de los cananeos, pueblos proscritos dedicados a la destrucción y cuyo lugar ellos ocuparían; pero observad cómo hablaban de las divinidades de los pueblos vecinos, a los que les estaba prohibido atacar: «¿No se os reconoce legítimamente la posesión de lo que pertenece a Chamos, vuestro Dios?», decía Jefté a los amonitas. «Nosotros poseemos, con el mismo título, las tierras que nuestro Dios vencedor ha adquirido*». Esto significa-

---

* «Nonne ea quae possidet Chamos deus tuus tibi jure debentur?». Tal es el texto de la *Vulgata*. El P. de Carrieres lo ha traducido: «¿No creéis tener derecho a poseer lo que pertenece a Chamos, vuestro dios?». Ignoro la

ba, creo yo, reconocer la paridad entre los derechos de Chamos y los del Dios de Israel.

Pero cuando los judíos, sometidos a los reyes de Babilonia y, con posterioridad, a los reyes de Siria, se obstinaron en no reconocer más Dios que el suyo, este rechazo, considerado como una rebelión contra el vencedor, les atrajo las persecuciones que se narran en su historia y de las que no existe otro ejemplo antes del cristianismo*.

Estando, pues, cada religión vinculada únicamente a las leyes del Estado que la prescribía, no había otra forma de convertir a un pueblo más que sometiéndolo, ni existían más misioneros que los conquistadores, y siendo ley de los vencidos la obligación de cambiar de culto, era necesario comenzar por vencer antes de hablar de convertir. En lugar de combatir los hombres por los dioses, eran los dioses, como en Homero, los que combatían por los hombres; cada uno rogaba al suyo la victoria y la pagaba con nuevos altares. Los romanos, antes de tomar una plaza, conminaban a los dioses de ésta a abandonarla y, cuando permitían a los tarentinos conservar a sus dioses irritados, es porque consideraban que estos dioses estaban sometidos a los suyos y obligados a rendirles homenaje: dejaban a los vencidos sus dioses al igual que les dejaban sus leyes. Una corona al Júpiter del Capitolio era con frecuencia el único tributo que les imponían.

fuerza que tiene el texto hebreo; pero en la *Vulgata* veo que Jephté reconoce positivamente el derecho del dios Chamos, y el traductor francés suaviza este reconocimiento mediante un *según vosotros* que no figura en latín.

* Es evidente que la guerra de los focenses, llamada guerra sagrada, no era una guerra de religión. Tenía por objeto castigar sacrilegios y no someter infieles.

Finalmente, cuando los romanos propagaron junto con su imperio su culto y sus dioses, y habiendo adoptado con frecuencia ellos mismos los dioses de los vencidos y concedido a unos y a otros el derecho de ciudadanía, los pueblos de este vasto imperio se encontraron con que tenían una multitud de dioses y de cultos, que eran aproximadamente los mismos en todas partes; y así es como el paganismo se convirtió finalmente en el mundo conocido en una sola y única religión.

Fue en estas circunstancias cuando Jesús vino a establecer sobre la Tierra su reino espiritual que, al separar el sistema teológico del sistema político, dividió al Estado y originó divisiones intestinas que jamás han dejado de estremecer a los pueblos cristianos. Ahora bien, al no haber podido nunca los paganos asimilar esa idea nueva de un reino del otro mundo, miraron siempre a los cristianos como auténticos rebeldes que, bajo una hipócrita sumisión, no buscaban más que el momento de independizarse para usurpar hábilmente la autoridad que fingían respetar mientras eran débiles. Ésta fue la causa de las persecuciones.

Lo que los paganos habían temido ocurrió; entonces, todo cambió de aspecto; los humildes cristianos cambiaron de lenguaje y pronto ese supuesto reino del otro mundo se convirtió en éste, bajo un jefe visible, en el más violento despotismo.

Sin embargo, como siempre ha habido un príncipe y leyes civiles, de esta duplicidad de poder ha surgido un perpetuo conflicto de jurisdicción, que ha hecho imposible la existencia de una buena organización en los Estados cristianos, y jamás se ha llegado a saber a cuál de los dos había que obedecer, si al señor o al sacerdote.

Varios pueblos, sin embargo, incluso en Europa o en su vecindad, han querido conservar o restablecer el antiguo sistema, pero sin éxito; el espíritu del cristianismo ha conquistado todo. El culto sagrado siempre ha permanecido independiente del soberano o ha logrado restablecer su independencia, desvinculado del cuerpo del Estado. Mahoma tuvo miras muy sanas, unió bien su sistema político y mientras su sistema de gobierno se mantuvo bajo los califas, sus sucesores, ese gobierno permaneció unido. Pero cuando los árabes se volvieron prósperos, cultos, corteses, blandos y cobardes, fueron sojuzgados por los bárbaros: entonces volvió a surgir la división entre los dos poderes; aunque esta dualidad es menos aparente entre los mahometanos que entre los cristianos, también se da entre ellos, sobre todo en la secta de Alí, y hay Estados como Persia en donde es manifiesta.

Entre nosotros, los reyes de Inglaterra se han constituido en jefes de la Iglesia, otro tanto han hecho los zares; pero con este título se han convertido no tanto en sus señores como en sus ministros; no han adquirido tanto el derecho de cambiarla como el poder de defenderla; no son legisladores, sino sólo príncipes. Dondequiera que el clero constituye un cuerpo*, es señor y legislador. En In-

---

* Es preciso observar que no son tanto las asambleas formales, como las de Francia, las que unen al clero en un cuerpo, cuanto la comunión de las iglesias. La comunión y la excomunión son el pacto social del clero, pacto mediante el cual será siempre el amo de los pueblos y de los reyes. Todos los sacerdotes que comulgan juntos son conciudadanos, aunque sean de los dos extremos del mundo. Esta invención es una obra maestra en política. No existía nada semejante entre los sacerdotes paganos; de ahí que el clero no constituyese nunca un cuerpo.

glaterra y en Rusia lo mismo que en otras partes, hay, pues, dos poderes, dos soberanos.

De todos los autores cristianos, el filósofo Hobbes es el único que ha vislumbrado el mal y el remedio, el que se ha atrevido a proponer juntar las dos cabezas del águila y reconstruir la unidad política, sin lo cual jamás habrá Estado ni gobierno bien constituido. Pero ha debido percibir que el espíritu dominador del cristianismo era incompatible con su sistema y que el interés del sacerdote sería siempre más fuerte que el del Estado. Lo que ha hecho odiosa* su política no es tanto lo que hay de horrible y falso en ella como lo que encierra de justo y de cierto.

Yo creo que si se explicaran los hechos históricos desde este punto de vista, se refutarían fácilmente las opiniones opuestas de Bayle y de Warburton. Uno de ellos pretende que ninguna religión es útil para el cuerpo político, mientras que el otro sostiene, por el contrario, que el cristianismo es su más firme apoyo. Se demostraría al primero que jamás fue fundado un Estado sin que la religión le sirviese de base, y al segundo que la ley cristiana es, en el fondo, más perjudicial que útil para la constitución del Estado. Para terminar de aclarar mi posición, sólo hace falta precisar un poco más las ideas demasiado vagas sobre religión que se refieren a mi asunto.

La religión, considerada en relación con la sociedad, que es o general o particular, puede también dividirse en dos clases, a saber, la religión del hombre y la del ciuda-

---

* Consultad, entre otras, en una carta de Grocio a su hermano del 11 de abril de 1643, lo que este sabio aprueba y condena del libro *De cive*. Es cierto que, llevado por la indulgencia, parece perdonar al autor lo bueno en favor de lo malo; pero no todo el mundo es tan clemente.

dano. La primera, sin templos, sin altares, sin ritos, limitada al culto puramente interior del Dios supremo y a los deberes eternos de la moral, es la pura y simple religión del Evangelio, el verdadero teísmo y lo que se puede llamar el derecho divino natural. La otra, establecida en un solo país, le proporciona sus dioses, sus patronos propios y tutelares; tiene sus dogmas, sus ritos y su culto exterior prescrito por leyes; exceptuando la única nación que le rinde culto, todo es para ella infiel, extraño, bárbaro; los deberes y los derechos del hombre sólo se extienden hasta donde llegan sus altares. Así fueron todas las religiones de los primeros pueblos a las que se puede dar el nombre de derecho divino, civil o positivo.

Existe una tercera clase de religión más rara, que al dar a los hombres dos legislaciones, dos jefes, dos patrias, les somete a deberes contradictorios y les impide ser a la vez devotos y ciudadanos. Se trata de la religión de los lamas, la de los japoneses y el cristianismo romano. A esta última se la puede llamar la religión del sacerdote. De ella procede un tipo de derecho mixto e insociable que no tiene nombre.

Considerando políticamente estas tres clases de religiones, las tres tienen defectos. La tercera es tan evidentemente mala que entretenerse en demostrarlo es perder el tiempo. Todo aquello que rompe la unidad social no tiene valor alguno: todas las instituciones que ponen al hombre en contradicción consigo mismo no sirven para nada.

La segunda es buena porque une el culto divino y el amor de las leyes y porque al convertir a la patria en objeto de adoración de los ciudadanos, les enseña que servir al Estado es servir al Dios tutelar. Es una especie de teocracia, en la cual no se debe tener más pontífice que el príncipe ni más sacerdotes que los magistrados. En tal caso, morir por la patria es alcanzar el martirio, violar las leyes es ser impío y someter a un culpable a la execración pública es destinarlo a la cólera de los dioses; *sacer estod.*

Pero es mala porque, estando fundada sobre el error y la mentira, engaña a los hombres, los hace crédulos, supersticiosos, y ahoga el verdadero culto de la divinidad en un ceremonial vano. Es mala también cuando, al convertirse en exclusiva y tiránica, hace que el pueblo se vuelva sanguinario e intolerante; que no piense sino en asesinatos y matanzas y crea hacer una acción santa matando a cualquiera que no acepte a sus dioses. Esto sitúa a ese pueblo en un estado natural de guerra con todos los demás muy perjudicial para su propia seguridad.

Queda pues la religión del hombre o el cristianismo, no el de hoy, sino el del Evangelio, que es totalmente diferente. Gracias a esta religión santa, sublime, verdadera, los hombres, hijos del mismo Dios, se consideran todos hermanos y la sociedad que los une no se extingue ni siquiera con la muerte.

Pero, al no tener esta religión ninguna relación con el cuerpo político, deja que las leyes saquen su fuerza de sí mismas, sin añadirle fuerza alguna, y por ello uno de los grandes vínculos de la sociedad particular queda sin efecto. Es más; en vez de enlazar los corazones de los ciudadanos con el Estado, los distancia de él como de todas las cosas de la tierra: no conozco nada más contrario al espíritu social.

Se nos dice que un pueblo de verdaderos cristianos constituiría la sociedad más perfecta que nos podamos imaginar. No veo en esta suposición más que una dificultad; es que una sociedad de verdaderos cristianos no sería una sociedad de hombres.

Aún más, afirmo que esta supuesta sociedad no sería, con toda su perfección, ni la más fuerte ni la más duradera: a fuerza de ser perfecta carecería de unión; su vicio destructor radicaría en su perfección misma.

Cada uno cumpliría con su deber; el pueblo estaría sometido a las leyes, los jefes serían justos y moderados, los magistrados serían íntegros e incorruptibles, los soldados despreciarían la muerte, no habría ni vanidad ni lujo; todo esto está muy bien, pero miremos más lejos.

El cristianismo es una religión completamente espiritual, que se ocupa únicamente de las cosas del cielo: la patria del cristiano no es de este mundo. Cumple con su deber, es cierto, pero lo hace sintiendo una profunda indiferencia respecto al éxito o fracaso de sus acciones. Con tal que no tenga nada que reprocharse, poco le importa que las cosas vayan bien o mal aquí abajo. Si el Estado es próspero, apenas se atreve a gozar de la felicidad pública, teme enorgullecerse de la gloria de su país; si el Estado perece, bendice la mano de Dios que aplasta a su pueblo.

Para que la sociedad fuese pacífica y la armonía se mantuviese, sería necesario que todos los ciudadanos, sin excepción, fuesen igualmente buenos cristianos: pero si, por desgracia, hay uno solo que sea ambicioso, que sea hipócrita, que sea un Catilina por ejemplo, un Cromwell, este individuo daría con seguridad buena cuenta de sus piadosos compatriotas. La caridad cristiana no permite fácilmente pensar mal del prójimo. Desde el momento en que encuentre, mediante alguna astucia, el modo de imponerse y de apoderarse de una parte del poder público, nos hallaremos ante un hombre revestido de dignidad; Dios quiere que se le respete; por tanto se convertirá enseguida en una autoridad; Dios quiere que se le obedezca; ¿comete abusos el depositario de este poder?; es porque Dios le utiliza como vara para castigar a sus hijos. Si se tomase conciencia de que hay que echar al usurpador, sería preciso turbar la paz pública, usar la violencia, verter sangre; todo esto concuerda mal con la dulzura del cristiano; después de todo, ¿qué importa ser libre o esclavo en este valle de lágrimas?, lo esencial es ir al paraíso y la resignación no es sino un medio más para conseguirlo.

¿Estalla alguna guerra con el extranjero? Los ciudadanos marchan sin dificultad al combate; ninguno de ellos piensa en huir; cumplen con su deber pero sin pasión por la victoria; saben morir mejor que vencer. Que resulten vencedores o vencidos, ¿qué importa? ¿No sabe la providencia mejor que ellos lo que les conviene? ¡Imaginaos qué partido puede sacar de su estoicismo un enemigo orgulloso, impetuoso, apasionado! Poned frente a ellos a esos pueblos generosos, a quienes devoraba el amor ardiente a la gloria y a la patria; imaginaos a vuestra República cristiana frente a Esparta o Roma; los piadosos cristianos serían derrotados, aplastados, destruidos antes de haber tenido tiempo de reconocerse, o deberían su salvación sólo al desprecio que su enemigo sintiese hacia ellos. Era un buen juramento, a mi juicio, el de los soldados de Fabio; no juraron morir o vencer, juraron volver vencedores y mantuvieron su juramento: nunca hubiesen hecho algo parecido los cristianos; hubiesen pensado que era tentar a Dios.

Pero me equivoco al hablar de una República cristiana; cada una de estas dos palabras excluye a la otra. El cristianismo sólo predica sumisión y dependencia. Su espíritu es demasiado favorable a la tiranía para que ésta no lo utilice siempre. Los verdaderos cristianos están hechos para ser esclavos; lo saben pero no les afecta nada; esta vida tan breve tiene poco valor a sus ojos.

Se nos dice que las tropas cristianas son excelentes. Pero yo lo niego. Que me muestren alguna que lo sea. Por lo que a mí respecta, no conozco tropas cristianas. Se me hablará de las cruzadas. Sin negar el valor de los cruzados, observaré que, en vez de ser cristianos, eran soldados del sacerdote, eran ciudadanos de la Iglesia; combatían por su país espiritual que ésta había convertido en temporal no se sabe cómo. Interpretándolo correctamente, esto suena a paganismo; puesto que el Evangelio no establece ninguna religión nacional, toda guerra sagrada es imposible para los cristianos.

En tiempos de los emperadores paganos, los soldados cristianos eran valientes; todos los autores cristianos lo aseguran y yo lo creo: era una disputa de honor con las tropas paganas. Desde el momento en que los emperadores fueron cristianos, esta rivalidad desapareció y cuando la cruz destronó al águila, todo el valor romano desapareció.

Pero, dejando a un lado las consideraciones políticas, volvamos al derecho y establezcamos los principios sobre este punto importante. El derecho que el pacto social otorga al soberano sobre los súbditos no sobrepasa, como ya he dicho, los límites de la utilidad pública*. Los súbditos no tienen, pues, que rendir cuentas al soberano de sus opiniones sino en la medida en que estas opiniones afectan a la comunidad. Ahora bien, al Estado le importa que cada ciudadano tenga una religión que le haga amar sus deberes; pero los dogmas de esta religión no le interesan ni al Estado ni a sus miembros, salvo que afecten a la moral y a los deberes que aquél que la profesa debe cumplir con los demás. Cada cual puede tener, por lo demás, las opiniones que le plazca, sin que competa al soberano conocerlas: porque como él no tiene competencia en el otro mundo, cualquiera que sea el destino de sus súbditos en la vida futura no es asunto suyo, con tal de que sean buenos ciudadanos en ésta.

Existe, pues, una profesión de fe puramente civil, cuyos artículos corresponde fijar al soberano, no precisamente como dogmas de religión, sino como sentimientos de sociabilidad sin los cuales es imposible ser buen ciudadano y súbdito fiel**. Sin poder obligar a nadie a creerlos, puede desterrar del Estado a cualquiera que no los crea; pue-

---

* «En la República», dice el M. d'A., «cada uno es perfectamente libre en aquello que no perjudica a los demás». He ahí el límite invariable; no se puede formular con más exactitud. No he podido negarme el placer de citar algunas veces este manuscrito, aunque no es conocido del público, para hacer honor a la memoria de un hombre ilustre y respetable que conservó, hasta en el ministerio, el corazón de un verdadero ciudadano, así como opiniones rectas y sanas sobre el gobierno de su país.

** Al defender César a Catilina, trataba de establecer el dogma de la mortalidad del alma; Catón y Cicerón, para refutarle, no perdieron el tiempo filosofando: se contentaron con demostrar que César hablaba como un mal ciudadano y que sostenía una doctrina perjudicial para el Estado. En efecto, era de esto de lo que tenía que juzgar el Senado de Roma y no una cuestión de teología.

de desterrarlo no por impío, sino por insociable, por no ser capaz de amar sinceramente las leyes, la justicia, e inmolar la vida en caso de necesidad ante el deber. Si alguien, después de haber aceptado públicamente estos mismos dogmas, se conduce como si no los creyese, que sea castigado con la muerte, pues ha cometido el mayor de los crímenes, ha mentido ante las leyes.

Los dogmas de la religión civil deben ser pocos, sencillos, enunciados con precisión, sin explicaciones ni comentarios. La existencia de la divinidad poderosa, inteligente, bienhechora, previsora y providente, la vida futura, la felicidad de los justos, el castigo de los malvados, la santidad del contrato social y de las leyes; he aquí los dogmas positivos. En cuanto a los negativos, los reduzco a uno solo, la intolerancia que entra en los cultos que hemos excluido.

Los que diferencian la intolerancia civil de la intolerancia teológica se equivocan, en mi opinión. Estas dos intolerancias son inseparables. Es imposible vivir en paz con gentes a quienes se cree condenadas; amarlas sería odiar a Dios, que las castiga; es absolutamente necesario convertirlas o darles tormento. Donde quiera que la intolerancia teológica es admitida, tiene que tener algún efecto civil[*]; y tan pronto como lo tiene, el soberano deja de ser

---

[*] Siendo el matrimonio, por ejemplo, un contrato civil, tiene efectos civiles sin los cuales es imposible que exista la sociedad. Supongamos que un clero consiga que se le asigne en exclusiva el derecho de autorizar este acto; derecho que deberá necesariamente usurpar en toda religión intolerante. ¿No es evidente que al hacer valer para ello la autoridad de la Iglesia hará vana la del príncipe, que no tendrá entonces más súbditos que los que el clero le quiera dar? Dueño de casar o no casar a la gente, en función de que acepten tal o cual doctrina, en función de que admitan o rechacen tal o cual formulario, en función de que sean más o menos

soberano, incluso en lo temporal: a partir de ese momento los sacerdotes son los verdaderos amos; los reyes sólo son sus oficiales.

Ahora que ya no hay ni puede haber una religión nacional exclusiva, deben tolerarse todas aquéllas que toleren a las demás, siempre que sus dogmas no se opongan a los deberes del ciudadano. Pero quien se atreva a decir, *fuera de la Iglesia no hay salvación*, debe ser expulsado del Estado; a menos que el Estado sea la Iglesia y que el príncipe sea el pontífice. Tal dogma sólo es bueno para un gobierno teocrático, en todos los demás es pernicioso. La razón por la que Enrique IV se convirtió a la religión romana, según se dice, debería ser la que impulsara a todo hombre honrado a abandonarla y, más aún, a todo príncipe que supiera razonar.

CAPÍTULO 9
Conclusión

Después de haber establecido los verdaderos principios del derecho político y tratado de fundamentar el Estado

adictos, comportándose prudentemente y manteniéndose firme, ¿no es evidente que dispondrá él solo de las herencias, de los cargos, de los ciudadanos, e incluso del Estado mismo que no podrá subsistir al estar ya sólo formado por bastardos? Pero, se dirá, se llamará a esto abuso, se aplazará, se decretará, se le someterá al poder temporal. ¡Qué lástima! El clero, por poco que tenga, no digo de valor sino de sentido común, dejará hacer y seguirá su camino; dejará tranquilamente que se apele, que se aplace, que se decrete, que se embargue, y terminará por ser el amo. No me parece que sea un gran sacrificio abandonar la partida cuando se está seguro de apoderarse de todo.

basándome en ellos, faltaría establecer sus fundamentos en lo que se refiere a las relaciones exteriores, lo que incluiría el derecho de gentes, el comercio, el derecho de guerra y de conquista, el derecho público, las alianzas, las negociaciones, los tratados, etc. Pero todo esto constituye un nuevo objeto, demasiado extenso para mis cortas miras; debería haberlas fijado en algo más cercano a mí.

Impreso en Sant Llorenç d'Hortons, Barcelona,
en el mes de noviembre de 2023